Lektüreschlüssel für Schüler

# Heinrich Heine
# Deutschland
# Ein Wintermärchen

Von Wolfgang Kröger

Philipp Reclam jun. Stuttgart

Universal-Bibliothek Nr. 15325
Alle Rechte vorbehalten
© 2003 Philipp Reclam jun. GmbH & Co., Stuttgart
Gesamtherstellung: Reclam, Ditzingen
Printed in Germany 2003
RECLAM und UNIVERSAL-BIBLIOTHEK sind eingetragene Marken
der Philipp Reclam jun. GmbH & Co., Stuttgart
ISBN 3-15-015325-5

www.reclam.de

# Inhalt

# 1. Aus dem Exil geschrieben: Ein erster Blick auf das *Wintermärchen*

Heimatverlust und Exil sind zwei Hauptthemen der Literatur und zwei Hauptmotive für schriftstellerische Tätigkeit. »Ich weiß nicht, was soll es bedeuten, daß ich so traurig bin«: Heinrich Heines berühmte Anfangsverse aus seinem Lorelei-Gedicht bringen den Ton der Melancholie und der Identitätsverunsicherung zum Klingen. Im Exil zu leben kann eine solche exzentrische Situation verschärfen: man ist nicht mit sich und nicht mit der Welt im Einklang. In Sehnsucht verzehrt man sich nach dem Verlorenen, nach »Heimat«; in der Distanz wird zugleich der kritisch-diagnostische Blick geschärft und man weiß, dass es kein »Zurück« mehr geben kann.

Heinrich Heine hat 1831 Deutschland verlassen. Die Französische Revolution von 1789 war nach den Jahren der Schreckensherrschaft Robespierres in das Napoleonische Kaiserreich gemündet. Im Kampf gegen Napoleon und die französische Eroberungspolitik konnten sich in Europa die alten Regime behaupten und neu festigen. Die Zeit nach dem Wiener Kongress 1814/15 war die Zeit der Restauration. Literarisch bestimmend waren damals in Deutschland die romantischen Schriftsteller und Goethe (der erst 1832 starb). Liberale und demokratische Bewegungen wurden unterdrückt und bekamen erst ab 1830, als es in Frankreich gelang, die Bourbonen-Herrschaft zu beenden und einen »Bürgerkönig« auf den Thron zu bringen, neuen Auftrieb. Zwischen 1830 und dem Revolutionsjahr 1848 bil-

*Zeit-geschichtlicher Kontext*

dete sich in Deutschland eine politisch engagierte Literatur heraus, die sich kritisch gegen die romantischen Nachtwelten und den Goetheschen Kunstbegriff stellte. Im Rückblick wurde diese oppositionell-demokratische Bewegung nach dem Revolutionsmonat des Jahres 1848 die »Vormärz-Bewegung« genannt. Heine gehörte zum »Vormärz«, aber zugleich distanzierte er sich von dieser Bewegung, denn er wusste und akzeptierte es auch, dass er als Lyriker in der Tradition der Romantik stand. Goethe war für ihn kein Gegner, sondern ein Vorbild, an dem er sich messen lassen wollte. Die nationalistischen Töne in den Reihen der deutschen »Vormärzler« machten Heine skeptisch; die politischen Konzepte kritisierte er als oberflächlich und illusionär. Das änderte aber nichts daran, dass Heine von den Regierenden in Preußen und Österreich der fortschrittlichen Literaturbewegung des »Jungen Deutschland« zugerechnet und deshalb durch die Zensur eingeengt wurde. Vor allem als Jude blieb Heine – trotz der Maßnahmen zur »Judenemanzipation« und auch trotz seiner christlichen Taufe 1825 – in Deutschland ein Außenseiter.

Seit Mai 1831 lebte Heine in Paris. Dort hatte im Juli 1830 die Julirevolution mit dem Sturz der Bourbonenherrschaft stattgefunden, und die Hoffnung auf liberale politische Verhältnisse hatte Heine zu diesem Umzug in die französische Hauptstadt ermuntert.

Fast 13 Jahre vergingen, ehe Heine im Herbst 1843 nach Deutschland zurückkam und drei Monate von Hamburg aus durch Nordwestdeutschland reiste; dann kehrte er nach Paris zurück. Schon im Dezember 1843 begann er, diese Reise literarisch zu verarbeiten. Im Januar/Februar 1844 entstanden die Hauptpartien des großen Poems *Deutschland. Ein Wintermärchen*. In der ersten Februarwoche wurde Heine durch eine heftige Attacke einer Augenkrankheit an der Weiterarbeit gehindert. Er entschied sich, das Versepos nicht durch einen Prosateil zu ergänzen. Ab Mitte März konnte er an den Versen weiterarbeiten, und Ende Mai schickte er das Manuskript an seinen Verleger Campe in Hamburg. Im Sommer 1844 reiste Heine kurz mit dem Schiff nach Hamburg und sorgte selbst für sein Buch. *Deutschland. Ein Wintermärchen* erschien im Herbst 1844 in Hamburg und Paris.

Dieses Versepos (Epos = Großform erzählender Dichtung in gleichartig gebauten Versen oder Strophen) ist Ausdruck der intensiven Beziehung des Exilschriftstellers Heine zu Deutschland. »Eine große Vorliebe für Deutschland grassiert in meinem Herzen. Sie ist unheilbar«, schreibt er am 29. Dezember 1843 an seinen Verleger Campe. Zugleich aber wirft Heine einen sehr pessimistischen Blick in Deutschlands Zukunft und nimmt die gegenwärtige Situation kritisch und distanziert zur Kenntnis.

Heine verkehrt in diesen Wochen, in denen er am *Wintermärchen* arbeitet, freundschaftlich mit Karl Marx, der vorübergehend ebenfalls in Paris lebt. Marx arbeitet an einem politisch-revolutionären Konzept; er ist in seinen Erwartungen optimistischer, und er ist gegenüber Deutschland noch distanzierter. Heine teilt den Glauben des Freundes an den Fortschritt in der menschlichen Geschichte nicht. Er bleibt skeptisch; seine Zerrissenheit wird stilprägend. Mit den herrschenden Zuständen kann Heine seinen Frieden nicht machen. Den Konzepten, dass die deutsche Einheit die deutsche Freiheit ermöglichen werde, misstraut er wegen der antifranzösischen und antirevolutionären Beiklänge zutiefst. Dem Freund Karl Marx glaubt er wohl die kritische Analyse der sozialen Gegenwart, aber nicht die Prognose eines geschichtlichen Fortschritts durch die Klassenkämpfe. So steht er allein, der deutsche Jude Heinrich Heine, der deutschsprachige Autor im Pariser Exil. Bald wird ihn eine unheilbare Krankheit für seine verbleibenden zehn Lebensjahre ans Bett fesseln. Seine Perspektive »aus der Matratzengruft« auf die revolutionären Ereignisse von 1848 und auf die Niederlage der Freiheitskämpfer versinnbildlicht die Auswegslosigkeiten, die für Heine zu verzweifelten Motiven seines Schreibens und seiner künstlerischen Existenz werden: Der Dichter ist ein Märtyrer, mitten durch sein Herz geht der große Weltriss. Im *Wintermärchen* träumt er von einem klaffend aufgeschnittenen Herz in seiner Brust. Die Krankheit der Welt bricht im Herzen des Dichters aus und wird dort akut. »Krankheit des Herzens und Krankheit der Welt ist nicht zufällige Übereinstimmung; weil das Herz des Dichters der Mittelpunkt der kranken Welt ist, ist Krankheit die Quelle der Dichtung, des Geistes überhaupt« (Preisendanz, 13).

> Dass die Welt mitten entzweigerissen ist, ist eine Grunderfahrung des Vertriebenen und des Exilanten. Was für ein munteres und freches Stück Literatur aus dem Schmerz dieser Zerrissenheit entstehen kann, zeigt Heine in *Deutschland. Ein Wintermärchen*.

## 2. Inhalt

Nach einem Prosavorwort erzählt Heine in einem Versepos von seiner Reise in die deutsche Heimat. In 27 Kapiteln (»Capita«) geht es von der deutschen Grenze bei Aachen übers Rheinland (Köln) und Westfalen zum Kyffhäuser und schließlich nach Hamburg.

Die vierzeilige **Wintermärchenstrophe** ist durch den Wechsel von vier und drei Hebungen gekennzeichnet. Männlicher und weiblicher Versschluss wechseln sich jeweils ab; bei der männlichen Kadenz endet der Vers ein-

Beobachtungen zur Form

silbig auf eine Hebung, während die weibliche Kadenz (jeweils in den Reimversen) eine zweisilbige Folge von Hebung und Senkung ist, z. B. klópfen – trópfen. Freie Senkungsfüllung und freier Auftakt räumen dem Autor in der Versgestaltung große Freiheit ein. Man kann jeweils die beiden ersten und die beiden abschließenden Verse (Zeile 2 und 4 reimen sich) zu einer Langzeile zusammenziehen und erhält dann eine Art von Nibelungenstrophe. In der Romantik wurde die Nibelungenstrophe in der Balladendichtung (z. B. in Ludwig Uhland: *Des Sängers Fluch* oder Adelbert von Chamisso: *Das Riesenspielzeug*) vielfach verwendet. Heine durchsetzt die Strophen mit ausgesprochen un-romantischen unreinen Reimfüllungen (Himmel – Lümmel, Pfühles – Exiles, Kröte – drehte usw.); er nutzt die Reimbezüge auch für ironisch-satirische Seitenhiebe, etwa wenn er »nicht lecker« auf seinen Dichterkollegen »Niklas Becker« reimt oder »noch ärger« auf »Hengstenberger«, die Schüler eines orthodoxen Theologieprofessors. Romantische

Volkspoesie mit ihren Anklängen an das Volkslied und an mittelalterliche Epen wird von Heine aufgegriffen und, wenn nötig, souverän ins Satirische und Plebejisch-Anrüchige umgeformt.

Im **Vorwort** erläutert Heine die Entstehungsbedingungen seines *Wintermärchens*. Er spricht die Zensurbedingungen an, denen er sich bei einer Publikation in Deutschland unterwerfen muss. Seine Situation in der gegebenen »sehr bürgerlichen Zeit« hält er für erheblich eingeschränkter als die eines Aristophanes zur Zeit der alten Griechen. Ja, sogar Cervantes und Molière seien unter ihren Königen freier gewesen als er, gegen den sich vor allem »das Zeter jener Pharisäer der Nationalität« erheben werde. Er werde von ihnen als Franzosenfreund verteufelt und es werde ihm unterstellt, er wolle den deutschen Rhein den Franzosen abtreten. Heine spricht seine Gegner direkt an und bezeugt seine Vaterlandsliebe: »Beruhigt euch, ich liebe das Vaterland eben so sehr, wie ihr. Wegen dieser Liebe habe ich dreizehn Lebensjahre im Exile verlebt, und wegen eben dieser Liebe kehre ich wieder zurück ins Exil, vielleicht für immer …« Hier wird er ganz ernst und verknüpft seine »unheilbare« Liebe zu Deutschland mit seiner Entscheidung, das unfreie und ihn zurückweisende und einengende Land zu verlassen. Aus Vaterlandsliebe das Vaterland verlassen zu müssen: das ist das Schicksal und die Entscheidung vieler Exilanten im 19. und 20. Jahrhundert, und dies Schicksal fasst Heine in Worte. Dass er damit einen der »Pharisäer der Nationalität« beeindruckt haben könnte, ist zu bezweifeln. Denn *sie* waren und sind es ja, die ihn als Juden unter den Deutschen abgestempelt haben. Lieber war er ein Ausländer in Frankreich als ein Ausgestoßener in Deutschland. Er gibt zu, ein

»Freund der Franzosen« zu sein, weil er ein »Freund aller Menschen« sei, »wenn sie vernünftig und gut sind«. Schon mischt sich in die Erörterung der (für die »Pharisäer der Nationalität«) heiligsten nationalen Fragen der Ton der Ironie. Heine nimmt ironisch Biertisch-Visionen auf und scheint ihnen zuzustimmen: »ganz Europa, die ganze Welt – die ganze Welt wird deutsch werden!« Und gerade durch diese Übernahme extremer nationalistischer Phraseologie, die sich 100 Jahre später im NS-Gegröle »Heute gehört uns Deutschland und morgen die ganze Welt!« wiederverkörpern sollte, wird sie ironisch bloßgestellt: Heine wünscht sich ein solches Großdeutschland, ja ein Deutschwerden der ganzen Welt, *wenn* »wir« Deutsche das vollenden, was »die Franzosen begonnen haben«: wenn also in Deutschland die Französische Revolution vollendet wird, wenn Freiheit und Menschenwürde und Volksherrschaft in Deutschland verwirklicht sind, *dann* (man ergänze: an diesem St. Nimmerleinstag) wird die ganze Welt deutsch sein wollen. *Jetzt aber* wollen die Elsässer und Lothringer nicht deutsch werden, weil sie die Errungenschaften der französischen Gleichheitsgesetze nicht verlieren möchten. Und *jetzt* will Heine den Rhein nicht den preußisch dominierten Deutschen überlassen, weil er ihm, dem Rheinländer, gehöre, der durch die napoleonische Besetzung des Rheinlandes die vollen Bürgerrechte als Jude erhalten habe. Der Jubelruf »die ganze Welt wird deutsch werden!« ist also kein Einstimmen in die bierseligen Lieder der Deutschnationalen (und deutschnational sind für ihn auch die »Lakaien in schwarz-rot-goldner Livree«, die mit den »Regierungen Hand in Hand gehen«), sondern hier wird ein Wunschtraum, der auf politisch-reale Gegebenheiten keine Rück-

> *»Die ganze Welt wird deutsch werden!«*

sicht nimmt und ins Utopische zu springen wagt, zur Sprache gebracht: dass gerade in Deutschland die Freiheit siege, dass gerade in Deutschland die Judenemanzipation gelinge, dass gerade in Deutschland allen Ausgestoßenen Asyl und Anerkennung gewährt werde. »Von dieser Sendung und Universalherrschaft Deutschlands träume ich oft, wenn ich unter Eichen wandle. Dies ist *mein* Patriotismus.«

**Caput I** erzählt vom Grenzübertritt. Den Reisenden erfasst, je näher er der deutschen Grenze kommt, starkes Heimweh und Herzklopfen. Besonders berührt ihn ein romantisches Lied in deutscher Sprache. Ein kleines Harfenmädchen singt von »Liebesgram« und »Aufopfrung« und »Wiederfinden / Dort oben, in jener besseren Welt«. Dass das Mädchen »mit wahrem Gefühle / Und falscher Stimme« singt, lässt aufhorchen: der Gesang klingt dissonant, schief, es stimmt etwas nicht. Und Heine benennt das Schiefe und Verlogene dieser Entsagungslieder: sie sollen das Volk vertrösten und einlullen, er erkennt sie als Opium für das Volk, damit es sich nicht wehrt. Er will dagegen »ein neues Lied, ein besseres Lied« singen: »Wir wollen hier auf Erden schon / Das Himmelreich errichten.« Irdisch soll das Glück verwirklicht werden, alle Menschen sollen genug zu essen haben, aber über das Lebensnotwendige hinaus sollen alle auch Anteil an Luxusgütern und schönen Dingen haben (»Auch Rosen und Myrten, Schönheit und Lust, / Und Zuckererbsen nicht minder. // Ja, Zuckererbsen für jedermann«). Diese wunderbaren Zustände können erwachsen, wenn sich Europa und die Freiheit vermählen. Und das »neue Lied« soll dafür das »Hochzeitkarmen« sein. Es scheint so, als stelle Heine dem

*»Eiapopeia« und »neues Lied«*

»alte[n] Entsagungslied« sein »Hochzeitkarmen« entgegen und als verkündige er damit sein Programm eines umfassenden und ganz und gar nicht asketischen Sozialismus. Doch Achtung! Der Sänger des »neuen Lieds« bezeichnet sich selbst als berauscht und ziemlich verrückt: in seinem Kopf wirbeln Sterne umher und »lodern wild« auf, ehe sie in einem kosmischen Feuer zerfließen. Ein solcher Zustand erlaubt keine klaren Gedanken. Reale Kräfteverhältnisse, so gibt der Dichter des Hochzeitsliedes zu, kümmern ihn in dieser Stunde gar nicht. Er hat jetzt das – verrückte – Gefühl, er könne Eichen zerbrechen, und er genießt diesen Augenblick der Selbstüberschätzung. Wie selbstironisch Heine sein »neues Lied« kommentiert (und mit wie viel Vorsicht man es also genießen soll: es *ist* nicht seine »wirkliche« nüchterne Meinung!), wird spätestens in der letzten Strophe deutlich, wenn er sich mit dem Titanen Antäus vergleicht, der im Kampf mit Herakles immer dann wieder neu

> Der Riese an der Zollstation

gestärkt weiterkämpfen konnte, wenn seine Füße den Boden berührt hatten, weil ihm seine Mutter Gaia (die Erdmutter) dadurch neue Kraft zuführen konnte. Welchen Boden berührt der November-Ankömmling? Den Boden einer preußischen Zollstation! Und das soll ihn – während alles von den Zollbeamten beschnüffelt wird (Caput II,1) – mit Riesenkräften ausstatten!?

Immer muss bei Heine mit ironischer Brechung der Aussage gerechnet werden, und hier in Caput I ist es ziemlich deutlich formuliert, dass »ein neues Lied, ein besseres Lied« Ausdruck einer Stimmung ist, in der im Zorn auf das Gesäusel des Harfengesangs der poetische Gaul mit dem Freiheitsdichter durchgegangen ist.

**Caput II** berichtet vom Grenzübertritt und den Zollkontrollen der preußischen Beamten. Ein ebenfalls die Grenze überschreitender Passagier schwärmt vom deutschen Einigungsprozess. Wenn er neben dem Zollverein auch die Zensur (für Zeitungen und Bücher) als Fördermaßnahmen der deutschen Einheit hervorhebt, wird die Ironie sichtbar, mit der Heine den Wunsch nach einer solchen deutschen Einigung bloßstellt: Wer die deutsche Einheit so will, will sich in Wirklichkeit der preußischen Vorherrschaft beugen und küsst noch die Stiefel, die ihn treten.

**Caput III** führt ins langweilige Aachen mit dem toten Karl dem Großen. Der Reisende mustert die Uniformen des preußischen Militärs, die seit 1815 im Rheinland präsent sind. Er kommentiert vor allem die Pickelhaube, die sich auch als Blitzableiter eignen könnte. Die unpolitischen »Kleindichter in Schwaben« (so nennt sie Heine in anderem Kontext) und der antifranzösisch eingestellte Freiheitsdichter und Burschenschaftler Theodor Körner kriegen im Vorbeigehen etwas Spott ab, ehe Heine im Zusammenhang mit den »rittertümlichen« preußischen Uniformen auf die reaktionäre Mittelaltervorliebe der deutschen Romantiker zu sprechen kommt.
Das Kapitel schließt mit Anspielungen auf das preußische Wappentier, den Adler, der in unserer Zeit als Bundesadler seit einigen Jahren wieder nach Berlin in den Reichstag zurückgefunden hat. Heine hofft auf die Rheinländer als die liberale Opposition gegen Preußen: sie könnten den verhassten Vogel herunterschießen, und der Dichter würde ihm dann die Federn ausrupfen und die Krallen abhacken.

**Caput IV** bis **Caput VII** spielen in Köln und drehen sich um die Baugeschichte des Doms und das Schicksal der dort aufgebahrten Heiligen Drei Könige. In nächtlichen Träumen begegnet der Reisende in der Stadt einem Doppelgänger, einem Schatten, der sich als »die Tat von deinem Gedanken« vorstellt. Besonders aktiv und gefährlich wird dieser »Geselle«, wenn in der Brust des Dichters »Weltgefühle sprießen« und wenn in seinem Hirn »Geistesblitze schießen«. Dies erinnert noch einmal an Caput I: Das Lied, das dazu aufruft, auf Erden schon das Himmelreich zu errichten, entspringt so einer »Weltgefühl«- und »Geistesblitze«-Stimmung: da ist der gewalttätige Schatten ganz präsent!

**Caput VIII** vergleicht die Aufbruchssituation von 1831, als man im Rheinland auf den baldigen Abzug der Preußen hoffte, mit der Enttäuschung der Gegenwart von 1843. Der Reisende erinnert sich an Napoleons Ende; mit der Grablegung dieses Kaisers hat sich »die Freiheit [...] den Fuß verrenkt«, und die reaktionären Kräfte haben seitdem in Europa die Übermacht.

**Caput IX** bis **Caput XIII** zeigen den Reisenden in Westfalen. Westfälisches Essen wird – teilweise ironisch – gelobt. Dass man die Schweinsrüssel mit Lorbeerblättern schmückt, wirft ein bezeichnendes Licht darauf, was für Charaktere in deutschen Landen mit Lorbeeren gekränzt werden. Der Reisende erinnert sich an seine Göttinger Studentenzeit und seine westfälisch-versoffenen Bundesbrüder daselbst. Der Teutoburger Wald lässt ihn an Hermann den Cherusker denken, woran sich die Reflexion anschließt, was es bedeutet hätte, wenn Deutschland römisch geblieben wäre: der Reisende findet es – wieder voller Ironie! – in Ordnung, dass der Esel in Deutschland weiterhin Esel heißt und nicht asinus und dass dementsprechend die Schwaben Schwaben geblieben sind und dass man den deutschen Freiheitsdichter Freiligrath nicht mit einem Poeten vom Range Horaz' verwechseln kann.

Kurz vor Paderborn (**Caput XII**) kommt es im nächtlichen Wald zu einer Begegnung mit den revolutionären Wölfen. Der Reisende hält eine Rede und bekennt sich zur vollen Solidargemeinschaft mit diesen »Mitwölfen«. Wie distanziert er in Wirklichkeit den deutschen Tendenzpoeten und Revolutionssängern gegenübersteht, zeigt sich in der Ironie seiner letzten Redewendung: »Ich bin ein Wolf und werde stets / Auch heulen mit den Wölfen –«. Natürlich wird er, der Unabhängigere, der Radikalere, der im Exil Freiere, das *nicht* tun. Darum fordert er seine »Mitwölfe« rhetorisch auf, auf ihn zu zählen; und in derselben Zeile legt er offen dar, dass sie auf ihn nicht bauen können: drum »helft euch selbst, / Dann wird auch Gott euch helfen!«

In **Caput XIII** erkennt der Reisende im Gekreuzigten am Wegrand seinen »arme[n] Vetter«, dessen zu radikale Predigt und zu schwärmerisch-menschenfreundliche Praxis ihn ins Unglück geführt hätten.

**Caput XIV** erinnert an das Lied der alten Amme mit seinem unheimlich mahnenden Refrain: »Sonne, du klagende Flamme!« Die Amme hat vom Kyffhäuser-Gebirge erzählt und vom dort schlafenden Kaiser Barbarossa, der wiederkehren werde, um das deutsche Volk zu rächen und zu neuer Herrlichkeit zu führen.

**Caput XV** bis **Caput XVII** geben den »Barbarossa-Traum« des Reisenden wieder. Er ist in die unterirdische Höhle des Kaisers hineinversetzt, und Barbarossa lässt sich von seinem Gast über die verschlafenen Jahrhunderte informieren. Als der Besucher ein gewisses Wohlgefallen an der Guillotine und ihren Auswirkungen in Frankreich erkennen lässt, reagiert der Kaiser erschrocken, und sie trennen sich schließlich im Ärger. Kaiser Rotbart unterstellt dem Besucher Hochverrat und Majestätsbeleidigung, und der Reisende lässt seinen »geheimsten Gedanken« heraus: »So brauchen wir gar keinen Kaiser.« Einzig wenn die Barbarossa-Verehrung und die Mittelalter-Verherrlichung dazu beitragen könnten, das preußische »Zwitterwesen« schneller zu beseitigen, dann will der Reisende Abbitte leisten und doch noch einmal rufen: »Komme du bald, o Kaiser!«

Über Minden **(Caput XVIII)** und Bückeburg **(XIX)** geht die Reise nach Hamburg. In der Minden-Episode stellt sich der Reisende als Odysseus (als »Niemand« und damit als Jedermann auf der lang dauernden Reise »nach Hause«, zur eigenen Familie) vor. Zugleich träumt er sich in einem Angsttraum als Prometheus; so wie jener am kaukasischen Felsen festgebunden dafür bestraft wurde, dass er den Menschen das Feuer und das Wissen gebracht hatte, so wird Heine im Schlaf durch den preußischen Adler gequält, der ihm die Leber aus der Brust frisst.

**Caput XX** bis **Caput XXVII** spielen in Hamburg, wo der Reisende zunächst seine besorgte Mutter besucht. Ihren Fragen nach seiner Frankreichliebe und seinem politischen Engagement versucht er auszuweichen. Er bedauert, dass der Stadtbrand (Mai 1842) seine Jugendstadt so verändert

hat, aber sein Mitgefühl für das schöne Hamburg hat auch
einen ironischen Beiklang: »Troja war eine bessere Stadt /
Und mußte doch verbrennen.« Er sucht alte Bekannte in
Hamburg auf und wirft einen Blick auf das Zusammenleben
von Christen und Juden. Er versichert, sowohl die reform-
gesinnten als auch die orthodox-konservativen Hamburger
Juden zu lieben, aber wie wenig ausgeprägt sein religiöser
Respekt ist, verdeutlicht der Reim in der Schlussstrophe von
Caput XXII: »Ich liebe die Alten [Juden], ich liebe die
Neu'n – / Doch schwör ich, beim ewigen Gotte, / Ich liebe
gewisse Fischchen noch mehr, / Man heißt sie geräucherte
Sprotte.«

Damit ist das Essen thematisiert, und Caput XXIII singt ein
Loblied auf den Verleger Campe, der zum Gastmahl einlädt,
und auf den Schöpfergott, der den Rheinwein auf der
Erde und die Austern in der See erschaffen und der sogar
die »Zitronen wachsen ließ, / Die Austern zu betauen –«.
Der Rheinwein weckt weitere Bedürfnisse, und so begibt
sich der reisende Dichter auf die nächtliche Suche nach einer liebenden Seele. Schnell wird er fündig
und es ist ein »übermenschliches Hinterteil«,
das ihm vom »höhere[n] Wesen« dieses Frau-
enzimmers kündet. Er ist Hammonia begeg-
net, »Hamburgs beschützende[r] Göttin«. Ihr gegenüber
spricht er sich aus: er habe sich so sehr nach Hause gesehnt,
Heimweh und Vaterlandsliebe hätten ihn befallen. Die Göttin kocht ihm Tee und rät ihm in Deutschland zu bleiben. Sie
deutet ihm an, sie könne ihn einen Blick in Deutschlands
Zukunft werfen lassen, aber sie sei von seiner Verschwie-
genheit nicht überzeugt. Erst muss der Dichter seine Hand
»an ihre Hüften« legen und für immer sein Schweigen ver-

*Hammonia von
der Drehbahn*

bürgen. Die Göttin, die er auf der Drehbahn in Hamburg aufgabelt hat, zeigt ihm ihr kostbares Erbstück: den Nachtstuhl von Karl dem Großen. Der Dichter, den die Göttin zu ihrem literarischen Liebling noch vor Klopstock erklärt hat, soll seinen Kopf in die »Ründung« im Sitz des Sessels stecken. Dort, im Kessel des Nachtstuhls, erblicke er Deutschlands Zukunft. Das *Wintermärchen* endet damit, dass die Geruchswelten dieses ungeheuren Klostuhls ausgemalt werden. Der grässliche »deutsche Zukunftsduft« raubt dem Hineinriechenden die Besinnung. Als er erwacht, hält ihn die Göttin umklammert und fleht ihn an, in Hamburg zu bleiben. Sie will ihn zur Hochzeit führen, sie hört schon die »Hochzeitmusik«, die »Hymenäen«, und so klingt das »Hochzeitkarmen« aus Caput I verhängnisvoll wieder auf: Dort ließ der Dichter Europa und den Genius der Freiheit hochzeitlich zusammenkommen; hier wird er selbst als Genius der Poesie mit der Sachwalterin deutscher Sch … vermählt. Bürgerliche Ehrengäste und religiöse Würdenträger erscheinen und wohnen der Zeremonie bei. In Hammonias Vision erscheint auch der Zensor, der Heine wohlbekannte Herr Hoffmann, die Schere klirrt in seiner Hand. Er stürzt sich auf den Dichter, » – er schneidet ins Fleisch – / Es war die beste Stelle.« Die Hymenäen sollten die Entjungferung musikalisch begleiten, doch diese Hochzeit vollzieht sich durch Entmannung. Dem Dichter wird seine Zeugungskraft genommen, und die Handschrift verdeutlicht, was Heine damit meint: »Es naht der wilde Geselle / Und schneidet dir ab … ach Gott! Er streicht / Im Buch die beste Stelle.«

**Caput XXVII** wirkt angehängt und warnt vor den Strafmöglichkeiten, über die der Dichter verfügt. Götter mag man beleidigen, ihre Rache ist begrenzt. Dichter aber sollte man niemals gegen sich aufbringen, denn ihrem Strafgericht kann auch der Mächtigste nicht entgehen. Da aber der Dichter – ein wenig unglaubwürdig klingt diese Selbstdarstellung nach den vorangegangenen Abschnitten des *Wintermärchens* schon – sich »rein und keusch« verhält und auf ein »neues Geschlecht« von geneigten Zuhörern hofft, hat er sich ja auch nichts Strafwürdiges zu Schulden kommen lassen.

## 3. Der Erzähler und sein Figurenensemble

Heinrich Heine identifiziert sich mit dem Dichter, der in *Deutschland. Ein Wintermärchen* von den Erfahrungen und Reflexionen während seiner Reise im winterlichen Deutschland von 1843 erzählt. Zwischen dem lyrischen bzw. dem erzählenden Ich und dem Autor wird keinerlei Abstand geschaffen. Heine war tatsächlich im Spätherbst 1843 von Paris aus nach Deutschland gefahren. Er hatte tatsächlich in Hamburg (Caput XX) seine Mutter besucht. Campe war wirklich sein Verleger. Und er war auch tatsächlich als Jugendlicher in Hamburg das erste Mal verliebt (Caput XXI,2), er hat dort in Hamburg »das Jugendkreuz« geschleppt »Und meine Dornenkrone« (Caput XXIV), denn dort wurde er zurückgestoßen und zutiefst verletzt. Freilich, die Reiseroute im *Wintermärchen* ist gegenüber der realen Reise umgekehrt: Heine war auf der Hinreise zügig von Brüssel nach Hamburg gefahren, und erst auf der Rückreise ist er ohne zeitlichen Druck in mehreren Stationen von Hamburg über den Harz und Westfalen an die Grenze im Rheinland zurückgefahren. Und wenn Heine auch so tut, als ließe er den Leser in intime Details seiner Biographie schauen, wenn er mit den Nachtschwärmerinnen Hamburgs so vertraut zu sein scheint (Caput XXIII), so gilt doch weiterhin, dass wir über das erotische Leben des Panerotikers Heinrich Heine fast nichts wissen. »Heine selbst hat jegliche Auskunft standhaft verweigert und damit die Neugierde der Leser geweckt und den Ehrgeiz der Germanisten angestachelt. Die Wissenschaftler ha-

*Autor und erzählendes Ich*

ben dieser Aufgabe viel Zeit und Mühe gewidmet, die Ergebnisse sind mager, ja belanglos. Denn von allen deutschen Dichtern war Heine, der angeblich frivolste, in Wirklichkeit der diskreteste« (Reich-Ranicki, *FAZ* vom 12.12.1992). Immerhin weiß man etwas von Heines Jugendliebe, von seiner Hamburger Kusine Amalie. Er bezeichnete die von ihm unerwidert geliebte Amalie, Tochter des reichen Onkels Salomon Heine, als »die Klippe, woran mein Verstand gescheitert ist«.

Doch so diskret Heine ist und so versteckt sein reales Leben und Empfinden bleibt, *er* identifiziert sich ganz und gar mit dem Ich-Sagenden und nimmt alles, was dieser an Widerwillen und negativer wie positiver Reaktion beim Leser auslöst, auf sich. Er selbst hört schon im »Vorwort« die Bierstimmen seiner national gesinnten Gegner; auf ihn selbst und sein bestes Teil zielt der Zensor im Vermählungstraum der Hammonia. Der Autor steht für seine literarische Figur, den Deutschlandreisenden, völlig ein.

Auf seiner Reise begegnen dem Ich-Erzähler einige Personen, die mit schnellen Strichen charakterisiert werden.

**Das Harfenmädchen** (Caput I): Rührend an Mignon (das Zwitterwesen aus *Goethes Wilhelm Meisters Lehrjahre*) oder an Brentanos todtraurige »Spinnerin« (aus *Der Spinnerin Lied*) erinnernd, verkörpert es die romantische Todes- und Entsagungsstimmung. Dass hier falsche Gefühle produziert werden, kündigt sich in den falschen Tönen, mit denen gesungen wird, an. Rührung wird künstlich erzeugt, um das Volk einzulullen. Entsagung wird gepredigt, damit man das Volk ausbeuten und selbst aus dem Vollen leben kann. Wissentlich oder unwissentlich dient das Harfenmädchen klerikal-machtbewussten Hintermännern.

**Der Passagier** (Caput II): Er scheint den durch ökonomische Maßnahmen (Zollverein) objektiv beförderten Fortschritt hin zur nationalen deutschen Einheit herausstellen zu wollen. Dass er die Zensur als Weg zur »geistige[n] Einheit« ebenfalls positiv wertet, zeigt, was die von ihm gelobte »Einheit« taugen wird: für die Freiheit jedenfalls nichts.

**Vater Rhein** (Caput V): Alt geworden und kränkelnd erscheint dem Reisenden auf der Kölner Brücke der alte Rhein. Er hat Heine vermisst und klagt dem verlorenen Sohn, dass er sich durch das Rheinlied des Niklas Becker beleidigt und verkannt fühle. Er sei kein jungfräulich-reines Gewässer, er freue sich an französischen Einflüssen und Mischwässern. Die Erinnerung an die »lieben kleinen Französchen« mit ihren »weiße[n] Höschen« scheint ihn ausgesprochen zu beleben.

**Der Schatten** (Caput VI und VII): In einer stillen Mondnacht in Köln trifft der reisende Schriftsteller auf eine Schattengestalt, die er seit Jahren nicht mehr gesehen hat. Früher war sie manchmal während nächtlicher Schreibtischarbeit aufgetaucht und hatte sich abseits gehalten. Unter dem Mantel der Gestalt scheint ein Beil aufzublitzen. In der Mitte des Domplatzes stellt der Reisende diesen Schatten zur Rede und fordert ihn auf zu sagen, wer er sei und was er wolle. Dabei benennt er selbst die Umstände, die gegeben sein müssen, damit die dunkle Gestalt erscheinen kann: »Ich treffe dich immer in der Stund, / Wo Weltgefühle sprießen / In meiner Brust und durch das Hirn / Die Geistesblitze schießen.« Pathetische Stimmung und emotionale Anspannung des Schriftstellers sind Lebens-

> Reflexion auf die Verantwortung als Schriftsteller

elixiere der Schattengestalt. Trocken-zustimmend bestätigt das der Vermummte: er sei die Tat zu den Gedanken des Schriftstellers. Was dieser heiß gedacht und formuliert habe, das führe sie trocken und unerbittlich aus. Der scharf-polemische und manchmal verletzend sarkastische Schriftsteller Heine weiß sich verantwortlich für das, was er schreibend tut. In der Konfrontation mit dem bürokratisch-ungerührt seine Aufgaben erledigenden Doppelgänger erschrickt er über das, was seine Worte an Aggressionspotenzial enthalten. In Caput VII verwirklicht der stumme Begleiter das vom Schriftsteller Formulierte: er schlägt die Skelette der Heiligen Drei Könige zusammen, er richtet in der gold- und edelsteingeschmückten Kapelle ein Massaker an, und er schneidet dem Künstler selbst in die Brust. Denn in der aggressiven Abwehr gegen die reaktionären Kräfte der Kirche und einer rückwärts gewandten Romantik steckt ein Moment der Selbstdestruktion. Das ist der Sinn der Angstphantasie, an deren Ende der Doppelgänger dem Dichter selbst das Herz aus der Brust schneidet.

**Der Gekreuzigte** (Caput XIII): Im katholisch geprägten Paderborner Land sieht der Reisende frühmorgens ein Bild des Gekreuzigten am Wegrand. Für ihn steht Christus als Gescheiterter und immer wieder Scheiternder in einer Reihe mit Sisyphos und den Danaiden, den unendlich Leidenden aus der griechischen Mythologie. Zugleich erkennt der Poet im Gekreuzigten einen Familienangehörigen. Was Heine schon 1826 als »die Qual persönlicher Verhältnisse (z. B. der nie abzuwaschende Jude)« benannt hat (Brief von Moser, zitiert bei Walser, 24), lässt auch den Juden Jesus scheitern. Allzu radikal war dieser Jude in seinen Reden und in seinem Tun und leider! – so schiebt der gegen die Zensur kämpfende Autor kommentierend dazwischen – konnte die Zensur ihn nicht vor der Kreuzigungskonsequenz »retten«, weil er seine Ansichten nicht in Büchern verbreitet hat, die man ihm hätte zusammenstreichen können.

**Die Amme** (Caput XIV): Der Reisende erinnert sich, als er sich dem Kyffhäuser-Berg nähert, seiner Amme. Die alte Frau hat ihm als kleinem Jungen die Welt der Märchen und Sagen eröffnet. Dazu gehörte auch der Barbarossa-Mythos vom tief im Kyffhäuser-Gebirge schlafenden Kaiser Rotbart, dessen Wiederkunft als nationaler Messias erwartet wird. So ambivalent sich das Verhältnis des Reisenden zur Sagengestalt Barbarossa gestaltet, so eindeutig positiv bleibt seine Erinnerung an die Alte aus dem Münsterland mit ihrem Erzählschatz voller Märchen und spannend-grausamer Gespenstergeschichten.

**Barbarossa** (Caput XIV–XVII): Die rotbärtige Gestalt des Kaisers Barbarossa war dem Reisenden aus dem Ammenmärchen vertraut. Jetzt träumt er sich während der Kutschfahrt in den Kyffhäuser hinein. Da wirkt Barbarossa durchaus nicht ehrwürdig, sondern sein Gang ähnelt dem Watscheln des französischen Bürgerkönigs Louis Philippe (Regierungszeit 1830–48). Außerdem hat er keine Ahnung von der gegenwärtigen Zeit und erschrickt vor allem wegen der Französischen Revolution und ihrer Methoden. Im Traum beginnt sich der Träumer mit dem ängstlich zeternden Kaiser zu streiten. Er will ihn als altes und unnützes Fabelwesen wieder in den Kyffhäuser-Tiefschlaf zurückschicken, dann leistet er doch noch einmal Abbitte und fleht den Kaiser an, dabei mitzuhelfen, wenn es darum geht, das »Kamaschenrittertum« der Preußen fortzujagen.

**Die Mutter** (Caput XX): In Hamburg begegnet der Dichter seiner Mutter, die ihn mit Fürsorge und ängstlichen Fragen überschüttet. Der Sohn weicht ihr aus und konzentriert sich auf ihr Essen. Die reale Mutter Heines, jene kluge und resolute Betty geb. van Geldern, der sich der Dichter lebenslang vor allen anderen zugehörig fühlte (Preisendanz, 11), bleibt hinter der literarischen Rollenfigur gänzlich verborgen.

**Campe** (Caput XXIII): Der Dichter besucht in Hamburg seinen Verleger Campe. Dieser lädt ihn zu einem reichhaltigen Essen ein und wird deshalb als Amphitryon gepriesen. Amphitryon war der arglose Gastgeber Jupiters gewesen, nachdem dieser in der Gestalt Amphitryons gerade zu einem nächtlichen Besuch bei dessen ahnungsloser Gattin Alkmene gewesen war. Campe weiß also (wie Amphitryon) nicht, was für ein gefährliches Subjekt er da so freundlich einlädt. Schon im »Vorwort« hat ihn der Poet einzulullen versucht: er habe beim Schreiben schon vieles gemildert und weggestrichen, »was mit dem deutschen Klima unverträglich schien«, versichert er dem Verleger. Was aber Jupiter als Amphitryon dem »richtigen« Amphitryon in seinem Haus »hinterlassen« hat (Alkmenes Schwangerschaft mit Herakles), ist durchaus dem Ei vergleichbar, das Heine dem Campe mit *Deutschland. Ein Wintermärchen* ins Nest gelegt hat.

*Heine und sein Verleger*

**Hammonia** (Caput XXIII–XXVI): Die Göttin Hamburgs ist unter den Prostituierten auf der Drehbahn zu finden: eine beängstigend volle und übergroße Urmutter, die sich des Poeten liebevoll-besitzergreifend annimmt. Der Dichter tut zwar so, als fürchte er sich nicht, mit ihr zu gehen, doch in einem Angsttraum wird ihm bewusst, dass er eine engere Beziehung zu ihr mit seiner Kastration zu bezahlen hat. So ist er vor einer Vermählung mit dieser Göttin, die ihm einen Blick in Deutschlands Zukunft gewährt hat, gewarnt. Eine engere Beziehung zu Deutschland, und sei es auch nur die zum relativ liberalen Hamburg, ist für Heine ein Angst einflößender Gedanke.

# 4. Werkaufbau – Strukturskizze

Der Ton und der Duktus des Gedichtzyklus scheinen ganz von subjektiv-willkürlicher Ironie und assoziativer Sprunghaftigkeit geprägt zu sein. Aber das scheinbar Willkürliche ist tatsächlich genau komponiert und die scheinbare Zufälligkeit der Gedankenführung ist ganz bewusst und gewollt hergestellt. Reiseereignisse, satirische Reflexionen, subjektive Überlegungen des Sprechers und grundsätzlich-politische Erwägungen zur Frage von Fortschritt und Reaktion in der Geschichte lösen einander in rhythmischer Folge ab (Fingerhut, Bd. 2, 23). Eine **äußere Schicht** enthält Reisestationen, Vorkommnisse auf der Reise und Tätigkeiten des Reisenden. In einer **inneren Schicht** wimmelt es von satirischen Anspielungen auf konkrete politische Ereignisse und Zeitgenossen. Und in der **Tiefenschicht** findet man Überlegungen und Reflexionen des Sprechenden zu grundlegenden politischen und ästhetischen Fragen. Teilweise kommen Gedanken ganz ernst zur Sprache (etwa wenn Heine sich selbst die Konsequenzen allzu pathetisch-kämpferischer Formulierungen klar macht); teilweise werden auch in dieser Tiefenschicht die Aussagen noch einmal ironisch gebrochen und mit einem Fragezeichen versehen (etwa wenn das neue »Lied, ein besseres Lied« dadurch in seiner Ernsthaftigkeit in Frage gestellt wird, dass der Sänger seinen Zustand als gefährlich-pathetisch beschreibt: »In meiner Seele gehen auf / Die Sterne der höchsten Weihe –«).

## Schichtung:

### Reisesituation / Vorkommnisse / Tätigkeiten

### Konkrete Anspielungen / Satire

### Reflexionen (manchmal voller Ironie)
### über geschichtlichen Fortschritt, politische Strategien
### und die Rolle der Literatur

Aus dieser Schichtung und Verschachtelung ergibt sich ein Wechselspiel von Witz und Satire auf der einen und von bohrend-intensiver Überlegung und Selbstreflexion auf der anderen Seite. Das Lesen kann sich zwischen Konzentration und Entspannung bewegen. Die fast durchgehende ironische Struktur des Textes verunsichert den Leser und räumt ihm zugleich erfreuliche Freiheiten ein: er selbst muss letztlich urteilen und sich entscheiden und wird dazu auf vergnügliche und provokante Weise ermuntert.

# 5. Wort- und Sacherläuterungen

*Wintermärchen*: Durch Shakespeares *The Winter's Tale* angeregt. Es wird auf Deutschlands »winterlichen Erstarrungsschlaf« (Georg Schirges in seiner Rezension vom 23. 10. 1844) abgehoben.

### Vorwort

3,19 **Aristophanes:** vgl. XXVII,22 f.
3,23 **Cervantes:** Miguel C. Saavedra (1547–1616), spanischer Schriftsteller (*Don Quichotte*).
**Molière:** französischer Schriftsteller zur Zeit Ludwigs XIV., Paris (1643–1715).

### Caput I

75 f. **Der Riese ... Kräfte:** Herakles konnte den Titanen Antäus nicht besiegen, solange er ihn nicht hinderte im Kampf den Boden zu berühren: die Mutter Gaia (die Erdmutter) stärkte ihm dann jeweils wieder seine Kräfte.

### Caput II

3 **Douaniers:** (frz.) Zollbeamte.
4 **visitiert:** durchsucht.
7 **Bijouterien:** (frz.) Schmuckwaren.
11 **Contrebande:** (frz.) Schmuggelware.
28 **Hoffmann von Fallersleben:** Der Dichter des Deutschlandliedes (1798–1874) verlor wegen seiner *Unpolitischen Lieder* seine Professur.

31 f. **Zollverein:** handelspolitische Einigung der deutschen Binnenstaaten unter Führung Preußens.

### Caput III

2 **Carolus Magnus:** Karl der Große, Einiger Mitteleuropas, seit 800 römischer Kaiser, im Aachener Dom beigesetzt.

4 **Karl Mayer:** Mitglied des »Schwäbischen Dichterkreises«, von Heine als »Kleindichter in Schwaben« verspottet.

20 **Körner:** Theodor K. (1791–1813), volkstümlicher Dichter der Freiheitskriege (gegen Napoleon). Er fiel als Mitglied des Lützowschen Freikorps.

35 **Zopf:** seit 1713 im preußischen Heer eingeführt, Anfang des 19. Jh.s abgeschafft.

37/39 **neue Kostüm / Pickelhaube:** 1842/43 war in der preußischen Armee eine neue Uniform eingeführt worden. Karl Friedrich Schinkel hatte die dazu gehörige Pickelhaube (Lederhelm mit Metallbeschlag und -spitze) entworfen.

43 **Johanna von Montfaucon:** Titelfigur eines Schauspiels im Stil der Ritter-Romantik von August von Kotzebue (der 1819 als mutmaßlicher russischer Spion von dem Studenten Karl Ludwig Sand ermordet wurde).

44 **Fouqué, Uhland, Tieck:** Friedrich Baron de la Motte F. (1777–1843), Ludwig U. (1787–1862), Ludwig T. (1773–1853), drei bekannte und wichtige Autoren der Romantik.

62 **den Vogel:** den preußischen Adler.

### Caput IV

23 **Dunkelmänner:** Anspielung auf die Kölner Dominikaner, die den getauften Juden Johannes Pfefferkorn (1469–1524) in seinem Kampf gegen alles jüdische Schrifttum unterstützt haben. In den von Ulrich von Hutten (1488–1522) mitverfassten »Dunkelmännerbriefen« wurden die Machenschaften dieser Kölner Theologen, die sich vor allem gegen den Pforzheimer Humanisten Johannes Reuchlin (1455–1522) gerichtet haben, bloßgestellt und verspottet.

27 **Hochstraaten:** der Kölner Dominikaner Jakob van Hoogstraeten, seit 1510 Ketzerrichter (Inquisitor) in Köln, Mainz und Trier.

**Menzel:** Wolfgang Menzel (1798–1873), Literaturhistoriker aus Stuttgart, der den Staat zur Verfolgung der jungdeutschen Schriftsteller aufforderte.

36 **Glaubenshasse:** Von Heine (auf Anraten seines Hamburger Freundes François Wille) anstelle des ursprünglichen »Judenhasse« geschrieben.

63 **talentvoller König:** Friedrich Wilhelm IV. von Preußen (1840–61) hielt eine Festansprache bei der zweiten Grundsteinlegung.

79 **Heil'gen Drei Kön'gen:** Im Jahre 1164 brachte der Erzbischof Rainald von Dassel die angeblichen Reliquien der »Heiligen Drei Könige« Kaspar, Melchior und Balthasar von Mailand mit nach Köln.

88 **Sankt Lamberti:** Die 1536 öffentlich hingerichteten Anführer der Wiedertäufer in Münster wurden in drei eisernen Käfigen am Turm der Kirche St. Lamberti zur Schau gestellt.

89 **Triumvirat:** (lat.) Dreimännerkollegium.

**Caput V**

17 **Biberich:** In einem Konflikt um den nassauischen Frei-
hafen in Biebrich (bei Wiesbaden) hatte 1841 der hes-
sische Staatsminister du Thil 103 Schiffsladungen Steine
in einem Rheinarm versenken lassen, so dass die Bieb-
richer Hafeneinfahrt blockiert wurde.

20 **Niklas Becker:** Mit seinem Lied Der deutsche Rhein ant-
wortete Nikolaus B. (1809–45) auf Zeitungsmeldungen,
wonach die französische Regierung den Rhein zur
deutsch-französischen Grenze machen wollte. Alfred de
Musset (1810–57) – vgl. 49, 73 – schrieb ein französi-
sches Gegenlied zu Beckers Gedicht.

66 **Kant … Fichte … Hegel:** Immanuel K. (1724–1804),
Johann Gottlieb Fichte (1762–1814), Friedrich H.
(1770–1831), die drei wichtigsten Vertreter des deutschen philosophischen Idealismus, wobei Heine die
Schreibung »Fichte« mit Absicht verwendet hat.

69 **Philister:** In der Studentensprache Bezeichnung für
bürgerliche Spießer (von der alttestamentlichen Volks-
bezeichnung der »Philister« abgeleitet).

71 **Voltairianer:** Anhänger des französischen Aufklärungs-
philosophen Voltaire (1694–1778).

72 **Hengstenberger:** Anhänger des evangelischen Theologieprofessors Ernst Wilhelm Hengstenberg (1802–69),
Gegner der Aufklärung und Heine-Kritiker.

**Caput VI**

1 **Paganini:** Niccolo P. (1782–1840), italienischer Geigen-
virtuose.

2 **Spiritus familiaris:** (lat.) Hausgeist.

4 **Georg Harrys:** Schriftsteller aus Hannover (1780–1838).

47 **exorziere:** »exorzieren«; »Exorzismus« (griech.) bezeichnet das Austreiben von Dämonen.

67 **Liktor:** Die Amtsdiener (Liktoren) trugen den höchsten
römischen Beamten (Konsuln) Rutenbündel (fasces)
voran, als Zeichen der Gewalt über Leben und Tod.

### Caput VII

43 f. **Haustürpfosten bestrich / Mit dem Blut:** Anspielung auf das Pessach-Ritual in 2. Mose 12,7 und 13; dort
sind die mit dem Blut des Lammes gezeichneten Häuser
geschützt, denn der Würgeengel geht an ihnen vorbei.

76 **Sarkophagen:** (griech.) steinernen Särgen.

103 Zitatanspielung auf Goethes *Erlkönig:* »Und bist du
nicht willig, so brauch ich Gewalt.«

### Caput VIII

3 **Diligence:** (frz.) Postkutsche.

4 **Beichais':** offener Begleitwagen zur Postkutsche.

16 **Äpfel der Atalante:** Anspielung auf eine griechische
Sage: Atalante verlangt von ihren Freiern, sie im Wett-
lauf zu besiegen. Die Unterlegenen verlieren ihr Leben.
Hippomenes lässt drei goldene Äpfel fallen, nach denen
sich Atalante während des Laufs bückt. So kann er ge-
winnen.

17 **Mülheim:** das heutige Köln-Mülheim (rechtsrheinisch).

19 f. **Mai des Jahres einunddreißig:** Später schrieb Heine
über diesen Mai (in den *Geständnissen*): »Den 1. Mai
1831 fuhr ich über den Rhein. Den alten Flußgott, den
Vater Rhein, sah ich nicht, und ich begnügte mich damit,
ihm meine Visitenkarte ins Wasser zu werfen. Er saß, wie

man mir sagte, in der Tiefe und studierte wieder die
französische Grammatik von Meidinger, weil er nämlich
während der preußischen Herrschaft große Rückschrit-
te im Französischen gemacht hatte, und sich jetzt even-
tualiter aufs neue einüben wollte. Ich glaubte, ihn unten
konjugieren zu hören: j'aime, tu aimes, il aime, nous
aimons – Was liebte er aber? In keinem Fall die Preußen […].«

25 **magere Ritterschaft:** In der Handschrift stand zunächst
deutlicher: »die Preußen, das magere Volk«.

30 **der Fahne, der weiß-blau-roten:** Trikolore, während der
Französischen Revolution eingeführte Nationalflagge.

38 **Liebe, Glauben und Hoffen:** drei christliche Kardinal-
tugenden (nach 1. Kor. 13,13).

45–68 **Der Kaiser … vernommen:** Anspielung auf die
Überführung der Leiche Napoleons von der englischen
Insel St. Helena in den Pariser Invalidendom, 1840.

53 f. **Elysäischen Feldern:** Champs-Elysées in Paris, Pracht-
straße bis zum Arc de Triomphe (»des **Triumphes Bo-
gen**«), auf dem ein Fries Napoleons Siegeszüge durch
Europa darstellt.

68 **Vive l'Empereur!:** (frz.) Es lebe der Kaiser (Napoleon)!

### Caput IX

9 **Gestowte:** gedämpfte (vgl. »Stövchen«).

18 **Krammetsvögel:** Wacholderdrosseln.

31 **schöne Seele:** ironische Anspielung auf ältere Damen,
die durch innere Schönheit und pietistische Frömmig-
keit gekennzeichnet sind. Bekannt sind die »Bekenntnis-
se einer schönen Seele« aus Goethes *Wilhelm Meisters
Lehrjahre* (1795/96).

### Caput X

21 **Mensur:** der von einigen studentischen Verbindungen durchgeführte Fechtkampf mit blanker Waffe.

24 **Quarten/Terzen:** Bezeichnung für bestimmte Fechthiebe.

### Caput XI

2 **Tacitus:** Cornelius T. (um 55–116), römischer Geschichtsschreiber.

4 **Varus:** der römische Feldherr Quinctilius Varus, 9 n. Chr. von Arminius (= Hermann der Cherusker) besiegt. Die Schlacht fand wohl nicht im Teutoburger Wald statt.

15 **Vestalen:** Vestalinnen, jungfräuliche Priesterinnen der Göttin Vesta. Zur Zeit Heines aber auch Bezeichnung für Prostituierte.

16 **Quiriten:** (lat.) römische Vollbürger.

17 **Hengstenberg:** s. Anm. zu V,72.
   **Haruspex:** römischer Priester, der aus Eingeweiden von Opfertieren (18) weissagt.

19 **Neander:** Der evangelische Theologe Johann August Wilhelm N. (1789–1850), der zum preußischen Oberzensurkollegium gehörte. N. (vorher: David Mendel) war 1806 vom Juden- zum Christentum konvertiert.
   **Augur:** römischer Priester, der z. B. aus dem Vogelflug (20) weissagte.

21 **Birch-Pfeiffer:** Charlotte B.-Pf. (1800–68), Rührstück-Verfasserin.

25 **Raumer:** Friedrich von R. (1781–1873), Berliner Professor für Staatswissenschaft, wie Neander Mitglied der Oberzensurbehörde in Preußen.

27 **Freiligrath:** Ferdinand F. (1810–76), politisch enga-

gierter Lyriker, von Heine als »Tendenzdichter« verspottet.

28 **Flaccus Horazius:** Horaz (65–8 v. Chr.), hervorragender römischer Dichter.

29 **Vater Jahn:** Friedrich Ludwig J. (1778–1852), bekannt als »Turnvater Jahn«.

31 **Me hercule!:** (lat.) Beim Herkules! (= Wahrhaftig!).
**Maßmann:** Hans Ferdinand M. (1797–1874), Germanist in Berlin und Organisator des deutschen Turnwesens, Verfasser patriotischer Gedichte.

41 **Schelling:** Friedrich Wilhelm Sch. (1775–1854), Hauptvertreter des deutschen Idealismus, durch den preußischen König nach Berlin berufen.
**Seneca:** Philosoph zur Zeit des Kaisers Nero (54–68 n. Chr.); von diesem zum Selbstmord gezwungen.

43 **Cornelius:** der Maler Peter von Cornelius (1783–1867).

44 **»Cacatum non est pictum«:** (lat.) »gekackt ist nicht gemalt«.

64 **subskribieret:** Heine hat sich in die Spendenliste eingetragen (in der französischen Übersetzung gibt Heine an: »pour cinq centimes«).

### Caput XII

55 f. **Kolb ... Allgemeine Zeitung:** In der von Gustav Kolb (1798–1865) redigierten Augsburger *Allgemeinen Zeitung* hat Heine wichtige journalistische Artikel veröffentlicht. Kolb hat manchmal »mildernd« in diese Artikel eingegriffen.

### Caput XIII

9 **Sisyphus:** S. musste in der Unterwelt als Strafe einen Stein bergan wälzen, der aber immer wieder herunterrollte.

10 **Danaiden:** Töchter des Danaos, die zur Strafe ein durchlöchertes Fass mit Wasser füllen mussten.

34 **Bergpredigt:** vgl. Matthäus-Evangelium 5–7.

37f. **Geldwechsel … Tempel:** vgl. Markus-Evangelium 11,15–17.

### Caput XIV

15 **Feme:** Geheimgerichte des Volks.

30ff. **Von der Königstochter …:** Bezug auf das Märchen *Die Gänsemagd* der Brüder Grimm.

51 **Rotbart:** Übersetzung des italienischen Beinamens Barbarossa für Kaiser Friedrich I. (1152–90); auf ihn wurde um 1500 die Sage vom im Kyffhäuser-Gebirge schlafenden und auf seine Wiederkehr wartenden Kaiser übertragen, die ursprünglich mit seinem Enkel Friedrich II. (1212–50) zu tun hatte.

57 **Kyffhäuser:** Bergrücken in Thüringen, westlich von Frankenhausen.

92 **Braunen:** für: Augenbrauen.

99 **reisiges Volk:** Reiterei.

### Caput XV

7 **»Es reiten …, hinaus!«:** Anfangszeile eines populären Volksliedes aus *Des Knaben Wunderhorn* (1805).

17 **watschelte:** Anspielung auf die Gangart des französischen »Bürgerkönigs« Louis Philippe.

61 **Roßkämme:** Pferdehändler.

79 **chi va piano va sano:** (ital.) wer langsam geht, geht sicher.

## Caput XVI

11 **Siebenjährigen Krieg:** Krieg zwischen Preußen und Österreich, 1756–63.

13 **Mendelssohn:** Moses M. (1729–86), jüdischer Philosoph in Berlin, Freund Lessings.

14 **Karschin:** Anna Luise Karsch (1722–91), deutsch-preußische Dichterin.

15 f. **Gräfin Dübarry:** Marie Jeanne Gräfin Dubarry, seit 1769 einflussreiche Geliebte (Mätresse) Ludwigs XV. von Frankreich. Robbespierre ließ sie 1793 hinrichten.

19 **Rebekka:** Ehefrau des biblischen Urvaters Isaak (!) (Mendelssohns Ehefrau hieß Fromet).
**Abraham:** Abraham Mendelssohn (1776–1835), Sohn von Moses Mendelssohn, Bankier in Berlin. Er trat mit seiner Frau Lea zum Christentum über, nachdem er seine Kinder, Felix und Fanny, evangelisch hatte taufen lassen.

22 **Felix:** evangelisch getauftes und christlich erzogenes Kind von Abraham Mendelssohn; bei der Taufe wurde auch der Familienname (in Mendelssohn-Bartholdy) verändert (1809–47).

26 **die Klencke:** Karoline Luise von Klencke (1754–1802), dichtende Tochter der Karschin (14).

27 **Helmine Chézy:** Helmine Christiane von Ch. (1783–1853), Enkelin der Karschin, ebenfalls schriftstellerisch tätig.

35 f. **Der Sechzehnte … Antoinette:** Ludwig XVI. von

Frankreich und seine Gemahlin, die österreichische Kaisertochter Marie Antoinette, wurden 1793 geköpft.

52 **Guillotine:** Hinrichtungsmaschine, die in der Französischen Revolution eingeführt worden war. Der Arzt Joseph Ignaz Guillotin (1738–1814) hatte sie erfunden, um das Töten schmerzfreier durchführen zu können.

91 **Burschenschaft:** Heine hatte während seiner Studienzeit in Bonn und Göttingen zu der Burschenschaft (= studentische Verbindung) »Allgemeinheit« gehört. Seit 1820 wurden jüdische Studenten aus den Burschenschaften hinausgedrängt; auch Heine wurde aus fadenscheinigen Gründen ausgeschlossen.

### Caput XVII

29 **Halsgericht:** mittelalterliches Gericht über schwere Verbrechen. Kaiser Karl V. (1519–56) erließ die »Peinliche Gerichtsordnung« als erstes deutsches Gesetzbuch.

### Caput XVIII

1f. **eine feste Burg:** Anspielung auf Luthers Choral: »Ein' feste Burg ist unser Gott, / Ein' gute Wehr und Waffen«.

14–20 **Odysseus:** In Homers *Odyssee* wird die langjährige Irrfahrt des griechischen Helden Odysseus nach der Schlacht um Troja erzählt. In einer Episode sperrt der einäugige Riese Polyphem Odysseus und seine Männer in einer Höhle ein. Odysseus, der sich »Niemand« nennt, gelingt trickreich die Flucht. Als Polyphem seine Riesen-Brüder zu Hilfe ruft, kommt keiner von ihnen, weil er darum bittet, »Niemand« zu verfolgen. Man kann die *Odyssee* als die lange und irrwegreiche Reise eines Mannes zur eigenen Familie und zu den eigenen Wurzeln lesen, als eine »Jedermann-Geschichte«.

20 **Star:** Augenkrankheit.

40 **Im Faubourg-Poissonnière:** Hier wohnte Heine seit 1841.

51–59 **An einer steilen Felsenwand … Brust:** Anspielung auf Prometheus, der als Menschenfreund und Lichtbringer von Zeus bestraft wurde, indem er ihn an den Kaukasus schmieden und ihm jeden Tag durch einen Adler die Leber aushacken ließ, die nachts wieder nachwuchs.

68 **Bückeburg:** Residenzstadt des souveränen Fürstentums Schaumburg-Lippe.

### Caput XIX

1–4 **Danton … Füßen:** Als Danton, einem der Führer der Französischen Revolution (1759–94), geraten wurde, vor den Nachstellungen seines Gegners Robespierre zu fliehen, soll er geantwortet haben: »Fliehen? – Nimmt man sein Vaterland an den Schuhsohlen mit?«

11 f. **Großvater … Großmutter:** Heymann Heine (gest. 1780) war Kaufmann in Bückeburg. Seine zweite Ehefrau war Mathe Eva, geb. Popert (gest. 1799) aus Hamburg.

29 **Cicerone:** (ital.) Fremdenführer.

47 **Lavement:** Mittel für Darmeinläufe.

### Caput XX

5 **Mutter:** Heines Mutter Betty (1771–1859) wohnte seit 1828 in Hamburg.

### Caput XXI

1 **Die Stadt … abgebrannt:** Durch den Hamburger Stadtbrand vom 5. bis 8. Mai 1842 wurden 20 000 Menschen obdachlos.

43 **Viktualien:** Lebensmittelspenden.

62 **Mockturtelsuppen:** unechte Schildkrötensuppe.

65 **Kalkuten:** Truthähne.

67 **des Vogels:** Gemeint ist der preußische Adler, der den Hamburgern ein Kuckucksei ins Nest gelegt hat (meint: der Hamburg zum Eintritt in den Zollverein bewegen will).

### Caput XXII

13 **Die alte Gudel:** Hamburger Prostituierte.

14 **Sirene:** In der griechischen Sage Mädchen mit Vogelleibern, die mit ihrem Gesang Seefahrer anlocken und töten (vgl. *Odyssee*, 12. Gesang).

24 **Bieber:** Versicherungsgesellschaft, die nach dem Hamburger Brand zahlungsunfähig wurde.

25 **meinen alten Zensor:** Friedrich Lorenz Hoffmann (1790–1871).

35 **Gumpelino:** Lazarus Gumpel, Bankier, starb am 9. November 1843, während Heine in Hamburg war.

45 **Sarras:** Jagdhund von Heines Verleger Julius Campe (1792–1867).

56 **Respittag:** Der letzte Verzugstag, der nach Ablauf der Wechselfrist noch eingeräumt wird. Durch einen Wechsel verpflichtet man sich zur Zahlung einer bestimmten Geldsumme.

**Caput XXIII**

11 **Chaufepié:** der Hamburger Arzt Hermann de Ch. (1801–56).

13 **Wille:** der Hamburger Journalist François W. (1811–96), dessen Gesicht durch Mensurnarben gekennzeichnet war, hat Heines *Wintermärchen* gelesen und Korrekturen angeregt.

16 **Fucks:** der Philosophielehrer Friedrich August F. (1811–56).

20 **Venus des Canova:** Marmorstatue, von Antonio Canova (1757–1822) nach Napoleons Schwester Pauline Bonaparte-Borghese gearbeitet.

21 **Amphitryo:** Zeus besuchte in Gestalt des griechischen Feldherrn Amphitryon dessen Gattin Alkmene und zeugte mit ihr den Helden Herakles.

41 **Zitronen wachsen ließ:** ironische Anspielung auf den *Schlachtgesang* von Ernst Moritz Arndt: »Der Gott, der Eisen wachsen ließ / Der wollte keine Knechte …«

56 **Die Weiber alle Helenen:** Helena galt als die schönste aller Frauen, um derentwillen der Trojanische Krieg ausbrach.

57 **Drehbahn:** Dirnenstraße in Hamburg.

62 **Turkoasen:** nach frz. *turquoise*, ›Türkis‹, blaue Edelsteine.

72 **dorischen Säulen:** schwere, gedrungene Säulen früher griechischer Tempel.

106 **welsche Lorettin:** Umschreibung für französische Prostituierte, die um die Kirche Notre Dame de Lorette herum arbeiteten.

107 **Hammonia:** Dieser lateinische Name für die Stadtgöttin Hamburgs taucht um 1500 auf.

### Caput XXIV

11 **Messias:** *Der Messias*, ein Versepos von Friedrich Gottlieb Klopstock (1724–1803). Klopstock lebte seit 1770 in Hamburg.

51 **Das Lottchen:** Heines Schwester Charlotte (1800–99), verheiratete Embden.

53 **jenem edlen alten Herrn:** Heines Onkel Salomon (1767–1844).

84 **Menzel:** s. IV,27.

### Caput XXV

16 **Mentor:** in der *Odyssee* väterlicher Freund des jungen Telemachos (Sohn des Odysseus), hier ist die verlagsinterne Zensur im Verlag Campe gemeint.

18 **Sylphiden:** weibliche Luftgeister; mit Anklang an »Syphilis«, worauf der folgende Vers anspielt.

40 **Selbstentleibung:** Ludwig Weidig, der mit Georg Büchner zusammen den *Hessischen Landboten* verfasst hatte, schnitt sich 1837 die Pulsadern auf, da er die Torturen im Darmstädter Gefängnis nicht länger ertragen konnte.

46 **Demagogen:** Liberale und nationale Intellektuelle waren von der »Demagogenverfolgung« nach den reaktionären »Karlsbader Beschlüssen« (1819) betroffen. Als Demagogen (griech., Volksführer) werden hetzerische Volksverführer bezeichnet.

48 **Staatskokarde:** Die »Kokarde« ist das staatliche Hoheitszeichen an der Dienstmütze von Beamten und Soldaten.

64 **Freiligraths Mohrenkönig:** Heine spielt auf die Ballade *Der Mohrenkönig* (1838) an; zu Freiligrath vgl. XI,27.

75 **Die Zukunft deines Vaterlands:** Der Blick in die Zukunft ist fester Bestandteil des klassischen Erzählge-
dichts: Odysseus steigt in die Unterwelt hinab, um sich
von Achill die Zukunft erzählen zu lassen; Äneas erfährt
bei Vergil (*Aeneis*) die glanzvolle Zukunft Roms.

85–87 **Schwöre ... Wie er Eliesern schwören ließ:** Heine
bezieht sich auf die Erzählung in 1. Mose 24 (wo Abraham seinen Diener, dessen Name aus 1. Mose 15,2 bekannt ist, dadurch schwören lässt, dass er die Hand ans
Zeugungsorgan des Erzvaters legen muss.)

#### Caput XXVI

9f. **Mein Vater ... Carolus Magnus:** Karl der Große soll
wenige Jahre vor seinem Tod (814) an der Elbe die
Hammaburg errichtet haben.

34 **Phantasmen:** Trugbilder.

36 **Miasmen:** giftige Dünste.

48 **Juchten:** besonders gegerbtes russisches Leder. Anspielung auf das reaktionäre Bündnis zwischen Preußen und
dem zaristischen Russland.

52 **sechsunddreißig Gruben:** Anspielung auf die 36 deutschen Bundesstaaten seit dem Wiener Kongress (1815/
1816).

52/60 **– – –:** Die Striche im Druckbild waren normalerwei-
se Zeichen von Zensur-Eingriffen. Hier hat Heine sie
selbst gesetzt.

53 **was Saint-Just gesagt:** Der französische Revolutionär
Louis Antoine de Saint-Just (1767–94) soll gesagt haben,
man mache keine Revolution mit Moschusduft und
Rosenöl.

54 **Wohlfahrtsausschuss:** oberstes Regierungsorgan in der

Periode der Schreckensherrschaft während der Französischen Revolution (1793/94).

67 **Bacchantisch:** ausgelassen, verrückt, wie die Begleiterinnen des Weingottes Bacchus.

83 **Hymenäen:** (griech.) Hochzeitslieder.

### Caput XXVII

22f. **Mein Vater ... Aristophanes:** griechischer Lustspielautor (445–385 v. Chr.), mit dem Heine häufig verglichen wurde und mit dem er sich selbst gerne verglich.

24 **Liebling der Kamönen:** römische Quellnymphen, mit den Musen in eins gesetzt.

37 **Der König:** Friedrich Wilhelm IV. von Preußen (63).

39 **Den Alten:** König Friedrich Wilhelm III. (1797–1840).

81f. **Hölle des Dante ... Terzetten:** Die *Göttliche Komödie* des Dante Alighieri (1265–1321) ist in Terzinen verfasst; der Dichter wird darin ins »Inferno«, in die Hölle geführt und er zeigt dem Leser die Qualen, die die ihm verhassten oder feindseligen Zeitgenossen erleiden müssen.

# 6. Themenkomplexe und Schreibart. Aspekte der Interpretation

**Ironische Struktur.** Das, was die Lektüre des *Wintermärchens* faszinierend macht und was zugleich auch etwas verunsichern kann, ist die durchgehend ironische Schreibart Heines. »[…] je wichtiger ein Gegenstand ist, desto lustiger muß man ihn behandeln« (Heinrich Heine, *Reisebilder. Englische Fragmente* (Kap. IX: *Die Emanzipation*), in H.H., *Sämtliche Schriften*, hrsg. von K. Briegleb, Bd. 3, S. 586). Mit **überlegener Ironie** kann man jemanden fertig machen; so auch Heine, wenn er im *Wintermärchen* z.B. den Dichter-Kollegen Freiligrath im Horaz-Vergleich »abfertigt« (Caput XI). Mit **sokratischer Ironie** kann man ein scheinbar feststehendes Urteil unterhöhlen und den Gesprächspartner in eine fruchtbare Aporie (eine Ausweglosigkeit) treiben: Ich weiß, dass ich nicht weiß – das wird zum Beginn erneuter Erkenntnissuche. So geht auch Heine vor, wenn er einerseits hofft, dass seine Worte etwas bewirken (z.B. dass sie das Leben gegen eine erstickende Tradition verteidigen, Caput VII, oder gar dass sie einen König in die Schranken weisen können, Caput XXVII), und wenn er *zugleich* befürchtet, dass seinen Worten Taten folgen und dass seine Wünsche und Flüche exekutiert werden. Das ist die ästhetische Aporie des politischen Dichters: er hofft auf Wirksamkeit, und er befürchtet, dass das allzu unbedachte und allzu undifferenzierte Wort handgreifliche Konsequenzen haben kann. Heine prophezeit nicht nur anlässlich der Bücherverbrennung beim Wartburgfest der deutschen Burschenschafter, dass »dort wo man Bücher / Verbrennt, ver-

*Ausweglosigkeit als fruchtbare Situation*

brennt man am Ende auch Menschen« (*Almansor*, 1820 geschrieben; die Verwirklichung dieser Prophezeiung in der
NS-Zeit ist gespenstisch genug!); sondern er wendet den
Verdacht auch ironisch gegen sich selbst: auch *er* will Wirksamkeit und auch *er* spricht Todesurteile aus. Martin Walser
definiert **Heines Ironie** als »die Aussageart der Unfesten,
deren Ich keine feste Burg ist, und die auch sonst keine solche haben« (Walser, 46). Ludwig Börne (Frankfurter Jude,
Heines Zeitgenosse im Pariser Exil, politisch ganz ähnlich
denkend, eine Art feindlicher Bruder) bedauerte, und dies
»Bedauern« war ironisch als »es geschieht ihm recht« gemeint: der »arme Heine«, er habe »zwei Rücken, er fürchtet
die Schläge der Aristokraten und die Schläge der Demokra-
ten, und um beiden auszuweichen, muß er zugleich vor-
wärts und rückwärts gehen« (Enzensberger, S. 50 das Zitat
in Börnes *Brief aus Paris* vom 25. 2. 1833 und S. 265 die Bör-
ne-Zitierung im 5. Buch von Heines *Ludwig Börne. Eine
Denkschrift*). Ja, das stimmt, nur dass Heine durchaus nicht
neutral war, sondern zu Recht am Ende seines Lebens resü-
miert hat: »Aus Haß gegen die Nationalisten könnte ich
schier die Communisten lieben« (1855).

Auch große »Heine-Spezialisten« zeigen sich manchmal
der Heineschen Ironie nicht gewachsen. Plötzlich stilisieren
sie etwas zu Heines »Konfession«, zu seinem »Glaubenbe-
kenntnis« herauf, was selbst wieder durch Heine ironisch
relativiert und in Frage gestellt worden ist. Karl-Heinz Fingerhut z. B. spricht in Bezug auf das »Hochzeitkarmen«
(Caput I) von »Pathos« und »Konfession« (Bd. 2, 27). Und
Walter Hinck behauptet, Heine stelle dem
»Entsagungslied« des Harfenmädchens »eine
andere Botschaft« entgegen (203). Ja, Heine
stimmt tatsächlich ein Gegenlied gegen das

*Heine und sein
»Neues Lied«*

»Eiapopeia vom Himmel« an: »Ein neues Lied, ein besseres Lied«! Aber er ironisiert dies Lied und seinen forcierten Jubelton,

- indem er die preußische Zollstation mit dem kraftspendenden Boden der Mutter Erde aus dem Herakles-Mythos in eins setzt,
- auch indem er dies Lied für den Ausfluss einer poetischen Selbstüberschätzung erklärt, für das Resultat einer Stimmung, die ihn glauben ließ, er könne Eichen zerbrechen,
- und schließlich auch indem er auf wild in seiner Seele lodernde und in Flammenbächen zerfließende Sterne verweist, was er in Caput VI als die Situation identifiziert, wo sein »Vollstrecker«, der Exekutor seiner Gedanken erscheint.

Das »Entsagungslied« wird zerrupft und das eigene Gerührtsein (Str. 3 und 4) durchaus bloßgestellt. Aber das »neue Lied« mit seinem Himmelreich auf Erden und dem Schweigen aller Sterbeglocken wird bei allem Jubel mit ironischen Fragezeichen versehen. *Das* ist Heine: Die Rührung durchs romantische Entsagungslied wird zugegeben; der falsche Ton in diesem Lied wird aber herausgehört und die geheime Absicht der Verfasser aufgedeckt. Das Manifest eines lebensdrallen Sozialismus wird dagegen gestellt, und die rhetorische Vollmundigkeit dieses »neuen Lieds« wird zugleich eingeräumt. In diesen Aporien stecke ich, Heine, und steckt doch auch ihr Leser – also müsst ihr euch selbst weiterhelfen! Die Aporien herausarbeiten und sprachlich gestalten, den Zorn auf die Unterdrückung nicht verwässern und Mut zu ganz neuen Wegen machen: das will Heines ironische Schreibart bewirken.

**Preußen.** Der Inbegriff alles Widrigen und Abzulehnenden ist in *Deutschland. Ein Wintermärchen* das Preußische. Schon in der Kleidung und dem Gestus der Zollbeamten steckt für den Reisenden das ganze Preußentum (Caput III): das Pedantische, Antifranzösische, Verschlagene, Zopfige, das Mittelalterliche und Lächerliche. Im preußischen Wappentier erkennt der Reisende seinen Feind. Was der Geier des Zeus dem Prometheus war, ist der preußische Adler für den reisenden Dichter. Die preußische Besetzung des Rheinlands empört ihn, und wer als Intellektueller Preußen unterstützt, ist für ihn nur noch ein Lump (Caput XI). Es hat mit der Geschichte der Juden und der demokratischen Entwicklung im Rheinland zu tun, dass Heine in den Preußen seinen Feind sieht: Was Napoleon an Fortschrittlichem gebracht hat, haben die Preußen ab 1815 wieder »kassiert« (vgl. unten Kap. 7). Gegen Preußen nähme er sogar Barbarossa und seine verschlafene Kyffhäusertruppe zu Hilfe. Aufatmend erreicht er Bückeburg und damit das Fürstentum Schaumburg-Lippe, das nicht mehr zum preußischen Einflussgebiet gehört (Caput XVIII–XIX).

**Kölner Dom.** Wie Heine sich zum Projekt des Kölner Dombaus stellt, wird am besten deutlich, wenn man Caput IV aus dem *Wintermärchen* mit Georg Herweghs Gedicht *Die drei Zeichen* (von 1841) vergleicht. Auch Herwegh war ein politisch-revolutionärer Schriftsteller, auch er musste aus politischen Gründen Deutschland verlassen, auch er lebte eine Zeitlang im Exil in Paris. 1848 versuchte er mit einer Freischärler-Truppe von Frankreich aus den Kampf der badischen Revolutionäre zu unterstützen.

*Die drei Zeichen* (Georg Herwegh)

Drei Zeichen hat uns Gott bestellt,
Daß wir die Herren dieser Welt:
Das ist der goldne Wein,
Das ist durchs Land der grüne Strom,
Das ist der hohe heil'ge Dom,
Der Dom zu Köln am Rhein.

O Traubenblut, o adlig Blut!
Wer schafft wie du so kühnen Mut,
So frisch und froh Gedeihn?
Der Meister, der den Plan gemacht,
Hat sich ihn beim Wein erdacht,
Den Dom zu Köln am Rhein.

Dir, deutscher Strom, den zweiten Gruß!
Von freien Alpen kommt der Fluß,
Um deutsches Land zu *frein*;
Kann ich sein Rauschen recht verstehn,
So heißt's: Ich will ihn fertig sehn,
Den Dom zu Köln am Rhein.

Ja, wie der Meister dich erschaut,
Bis zu den Sternen auferbaut
Sollst du, o Tempel, sein!
Damit man einst am Jüngsten Tag
Noch singen und noch sagen mag
Vom Dom zu Köln am Rhein.

Was will des Teufels Witz und Spott?
Es kehret schon der rechte Gott

> Auch bei den Deutschen ein;
> Nur frisch, Gesellen, frisch zur Hand!
> Macht Platz fürs *ganze* Vaterland
> Im Dom zu Köln am Rhein.

Herwegh ruft zum Dombauprojekt auf, weil sich darin die Einheit der Deutschen verwirkliche. Der Dom sei Symbol und Orientierungszeichen der deutschen Einheit und Stärke. Diese Einheit entstehe aus Freiheit und werde die Freiheit stärken. Herwegh »verankert« den Freiheitsgedanken und die Freiheitshoffnung darin, dass er den Rhein, an dessen Ufer der Dom ja stehe, aus den »freien Alpen« kommen lässt und dass er mit Hintersinn sagt, der Fluss wolle das deutsche Land »frein«. Die Freiheitshoffnung bleibt also politisch völlig vage und hängt in ihrer Substanz an einem wenig glücklichen Wortspiel. Um so übersteigerter sind die Erwartungen: Käme der Dom als Projekt des ganzen und durch den Rhein ge- und befreiten Vaterlands zu Stande, so wäre Köln ein neues Jerusalem (mit »Tempel«); das Dombauprojekt wird als kosmisch-endzeitliches Ereignis interpretiert und mit religiösen Weihen versehen; die Fertigstellung des Doms wäre ein Beweis für den berechtigten Anspruch Deutschlands auf Weltherrschaft (Z. 2).

Für Heine dagegen symbolisiert der Dom die Unfreiheit und den religiösen Fanatismus. Dass er unvollendet geblieben ist, freut ihn. Er interpretiert dies als Zeichen der protestantisch-oppositionellen Kraft in Deutschland. Der Reisende hofft sogar darauf, dass das Kirchengebäude einmal zum Pferdestall umgenutzt werden wird und dass die im Dome jetzt noch angebeteten Könige am Kirchturm in Münster aufgehängt werden, wo bisher die von der katholischen Reaktion hingerichteten Wiedertäufer ausgestellt waren. In Caput VI erschrickt der Dichter über diese eigenen Gewaltphantasien und ihre möglichen Konsequenzen.

Während Herweghs Gedicht fanfarenhaft-pathetisch daherkommt, sind Heines Verse spöttisch-sarkastisch. Im dreifachen Strophenanfang »Er ward nicht vollendet … Er wird nicht vollendet … Er wird nicht vollendet« (Stilmittel der Anapher) beschwört Heine die Möglichkeit einer Geschichtsentwicklung, die nicht auf die Vereinigung Deutschlands unter der Herrschaft reaktionärer Kräfte hinausläuft. In Caput XXV gibt er zu, solche Hoffnung nicht wirklich zu haben. Während Heine die politischen Konsequenzen des Dombauprojekts ausmalt und fürchtet, wischt Herwegh alle Bedenken beiseite und überlässt sich einem politischen Messianismus, der einfach glaubt, dass schon alles recht werden wird (Str. 5).

Gegen Heines Erwartung und Hoffnung wurde der Kölner Dom weitergebaut und 1880 endgültig fertiggestellt. 1944 wurde er beim Luftangriff auf die Kölner Innenstadt weitgehend zerstört und später wieder aufgebaut.

**Vater Rhein.** Das Judentum war das zentrale Problem der ganzen Existenz Heines (so Reich-Ranicki, in einer Formulierung gegen Zuckmayer). Zwar war 1812 in Preußen das Emanzipationsedikt erschienen, das die Juden zu »Einländern und Preußischen Staatsbürgern« erklärte. Aber schon 1816 kam das Revokationsedikt und schon bald waren die akademischen Lehr- und Schulämter für Juden wieder gesperrt. Demgegenüber hatte die Französische Revolution schon 1791 die völlige rechtliche und politische Gleichstellung der Juden in Frankreich gebracht. In den unter Napoleon französisch besetzten deutschen Gebieten, wozu im Großherzogtum Berg auch Düsseldorf als Geburtsstadt

Heines zählte, schien die Freiheit der Juden eher durch die Franzosen als durch die Preußen geachtet zu werden. Der Rheinländer Heine ist mit dem »Vater Rhein« seit Jugend vertraut, und beide sind sich darin einig, dass der französische Einfluss auf den Rhein und das Rheinland durchaus kein Nachteil ist. Der Rhein ist über das 1840 veröffentlichte Gedicht *Der deutsche Rhein* empört (Caput V):

> *Der deutsche Rhein* (Niklas Becker)
>
> Sie sollen ihn nicht haben,
> Den freien deutschen Rhein,
> Ob sie wie gier'ge Raben
> Sich heiser danach schrein,
> [...]
> Sie sollen ihn nicht haben,
> Den freien deutschen Rhein,
> Bis seine Flut begraben
> Des letzten Manns Gebein!

Heine sieht sich in seiner ganz persönlichen Geschichte und Freiheit (»Ich bin des freien Rheins noch weit freierer Sohn«, Vorwort) durch das Becker-Lied bedroht, weil hier der Rhein als deutsch und nur deutsch reklamiert und der Kampf gegen Frankreich bis zu einer Art »Endsieg« (bis der Rhein »begraben / Des letzten Manns Gebein!«) propagiert wird. Die Kriege von 1870/71, 1914–18 und 1940–45 zeigen, wie berechtigt Heines Sorgen waren.

**Der deutsche Traum und der Traum von der Schattengestalt.** In den Reisebericht und die satirischen Wirklichkeitskommentare sind häufig Traumsequenzen eingebettet:

Besonders auffallend sind die Barbarossa-(Fortsetzungs-)
Träume und der Prometheus-Angsttraum in Minden
(XVIII). Caput VII erzählt von verschiedenen Träumen und
verschachtelt sie ineinander. Exemplarisch kann hier die
Feinstruktur des *Wintermärchens* studiert werden. Der Reisende ist in Köln und lobt – von Frankreich her kommend –
die deutschen Betten für ihre Weichheit. Dass hier ironisch
gesprochen wird und man als Leser auf der Hut sein sollte,
wird darin deutlich, wie eng Heine Vaterland und »Pfühl«
zusammenstellt. Zwar meint »Pfühl« in Heines Zeit auch
Kissen, doch hört man auch »Pfuhl« als Pfüt-
ze und Schweinepfuhl mit. »Man schläft sehr
gut …«: fast scheint es, als identifiziere sich
der Sprecher mit diesem kollektiven »man«
und wolle auch selbst in einen kollektiv-
deutschen Traum eintauchen (Str. 3). Im Traum wird »die
deutsche Seele« von »allen Erdenketten« befreit. Die Freiheit realisiert sich im Federbett, der Flug der Seele (»wie
stolz ist dein Flug«) findet im Pfühl statt: die Ironie ist spür-
bar. Freiheit, nationale Größe, Vorherrschaft des deutschen
Geistes: all das realisiert sich im Traum jener Schlafmützen,
die »auf platter Erde« nichts zustande gebracht haben. Das
deutsche Omnipotenz- und Hegemoniegefühl beruht auf
Traum und Einbildung. Da aber grenzt sich der Reisende
vom deutschen »man« ab: sein privater Traum beginnt erst
in Str. 8: »da träumte mir«. Dies ist das Gegenteil von
aktiven, omnipotenten Wunschträumen, die Realität rückt
ihm im Traum auf den Leib. Ihm träumt von
der Realität, von Köln, von seinem stummen
Doppelgänger, der sich als die Tat zu seinen
Gedanken vorgestellt hat. Dass die Dichter-
worte etwas bewirken, ist also erst mal »nur« ein Traum. Die

*Verschiedene Träume in Federbetten*

*Angsttraum vom Schattenmann*

Flanierstimmung (»ich schlenderte wieder«) trübt sich ein, alles Belanglose weicht, es geht auf Leben und Tod (»mir brachen die Knie«). Der Dichter ist tödlich verletzt und mit dem Blut aus seiner Herzwunde bestreicht er manchen Haustürpfosten. Während in der biblischen Geschichte der Würgeengel in Ägypten an den blutbezeichneten Häusern vorbeigegangen ist und dort die Erstgeburt gerettet war, sind bei Heine die Bewohner der gekennzeichneten Häuser zum Sterben verurteilt. Er träumt sich als einen, der aus einem tiefen Verletztsein heraus anderen Unheil zufügt. Unter einem unheimlichen Himmel (Str. 13) kommt der Träumer zum Domplatz und zum Dom zurück. Es öffnet sich eine romantische Szenerie, und in der reich geschmückten Kapelle findet ein kleines Komödienspiel mit Skeletten statt. Während das Königsskelett langweilig-umständlich redet (»zuerst ... zweitens ... drittens ...«), spricht der Träumer ein munteres Vernichtungsurteil, locker dabei ein Goethe-Zitat aus dem *Erlkönig* einflechtend (»Und weicht Ihr nicht willig, so brauch ich Gewalt«). Das Alte-Vermoderte wird zusammengeschlagen, entsetzlich hallen die Hiebe, alle Lustigkeit ist verschwunden, der Träumer fühlt sich selbst tödlich verletzt, seine (Traum-)Aggressivität erweist sich als Selbstzerstörung: »Blutströme schossen aus meiner Brust«. Entsetzt wacht der Reisende auf.

Das Caput VII grenzt den nationalen »deutschen Traum« und den revolutionären Freiheitstraum klar gegeneinander ab. Aber das Ich, das sich über das träumende »man« und seine Federbett-Illusionen so spöttisch äußert, weiß, dass es sich selbst ein Todesurteil spricht, wenn es alles Romantisch-Überholte, alles Aristokratisch-Edle über den Haufen wirft. Wenn der Dichter für die platte Erde plädiert, wenn er den Materialismus preist und alles Illusionär-Ideale der

Lächerlichkeit preisgibt, verletzt er sich selbst. In einer späteren Prosaschrift (*Geständnisse*, 1854) wird Heine das hier in poetischen Bildern Angedeutete so formulieren: »[...] mich beklemmt vielmehr die geheime Angst des Künstlers und des Gelehrten, die wir unsre ganz moderne Zivilisation, die mühselige Errungenschaft so vieler Jahrhunderte, die Frucht der edelsten Arbeiten unsrer Vorgänger, durch den Sieg des Kommunismus bedroht sehen [...] wir können uns nimmermehr verhehlen, wessen wir uns zu gewärtigen haben, sobald die große rohe Masse, welche die einen das Volk, die andern den Pöbel nennen [...] zur wirklichen Herrschaft käme. Ganz besonders empfindet der Dichter ein unheimliches Grauen vor dem Regierungsantritt dieses täppischen Souveräns.« Für sich selbst sah Heine voraus: »Wahrhaftig, nur mit Schauder und Schrecken denke ich an die Zeit, da diese finsteren Bilderstürmer zur Herrschaft gelangen werden; mit ihren schwieligen Händen werden sie erbarmungslos alle Marmorstatuen der Schönheit zerbrechen, die meinem Herzen so teuer sind; [...] ach! Mein Buch der Lieder wird dem Gewürzkrämer dazu dienen, Tüten zu drehen, in die er den armen alten Frauen der Zukunft Kaffee und Tabak schütten wird. Ach! ich sehe all dies voraus, und ich bin von einer unaussprechlichen Traurigkeit ergriffen, wenn ich an den Untergang denke, mit dem das siegreiche Proletariat meine Verse bedroht, die mit der ganzen alten romantischen Welt vergehen werden« (*Geständnisse*, 1854). In Caput VII hält der vermummte Begleiter dem revolutionären und antiklerikalen Dichter den (Traum-)Spiegel vor. Entsetzt erkennt er, dass er als Bilderstürmer und Reliquienzertrümmerer seiner eigenen Kunst den Boden entzieht. Mit dem Aberglauben verschwindet auch die ganze romantische Welt und damit ein Nährboden für Heines Kunst. Wenn er mit dem Licht der Aufklärung jeden Winkel der dunklen Dome ausleuchtet und alle Kerzenhelle überstrahlt, zerstört er die Atmosphäre des Geheimnisvollen und Heiligen. Als Künstler ist er aber selbst auf diesen Raum des Geheimnisvollen, des Dunklen und der »funkelnde[n] Kerzenhelle« (Z. 70) angewiesen.

**Barbarossa-Sage.** In vielfacher Form wurde diese Sage vom Kaiser Friedrich Barbarossa, der in einer riesigen Felsenhöhle auf die Zeit seiner Wiederkehr warte, überliefert. Emanuel Geibel und Friedrich Rückert haben den Stoff in Gedichte gefasst, die nach 1840 große Popularität erlangten. Die Sage ist mit der Idee eines neuen »deutschen Reichs« verknüpft. Nach 1870/71 wurde diese Idee in politische Realität umzusetzen versucht (Kaiserkrönung des preußischen Königs in Versailles, 1871), und in der Bezeichnung vom »Dritten Reich« tauchte sie ein weiteres Mal in der modernen deutschen Geschichte auf.

**Heine und die politische Tendenz-Dichtung** (Caput XII). An der Reisekutsche zerbricht ein Rad, und so ergibt sich ein Zwangsaufenthalt im nächtlichen Teutoburger Wald. Es erscheinen dem reisenden Dichter in Gestalt von ausgehungerten Wölfen seine fortschrittlichen deutschen Dichterkollegen. Wie er waren sie vom Verbot der »jungdeutschen Bewegung« und der Burschenschaften durch den Wiener Kongress und die Metternich'sche Politik betroffen, wie er traten sie für Freiheit und Veränderung ein. Aber es herrscht keine reine Freude bei diesem Wiedersehen. Schon dass die Kollegen als »Wölfe« auftauchen und wie »Bestien« erscheinen, gibt zur Verwunderung Anlass. Der Reisende bleibt unerschrocken und interpretiert das Geheul der Wölfe als Chorgesang und »Ständchen« für ihn. So schwingt er sich

zu einer improvisierten Dankrede auf, worin er sich aber
gleich gegen Vorwürfe verteidigt, die offen-
bar gegen ihn erhoben wurden: er sei nicht
zuverlässig, er habe die Wölfe an die Hunde
verraten, er sei kein politischer Schriftsteller
mehr, er sei ein Schaf im Wolfspelz. Er versi-

*Vormärz-schriftsteller als »Mitwölfe«*

chert die Zuhörer seiner Wolfsnatur und überspitzt dies so,
dass die Aussage ironisch in ihr Gegenteil umschlägt: »Ich
bin ein Wolf und werde stets / Auch heulen mit den Wölfen –« Er versichert also, ein Opportunist zu sein (mit den
Wölfen werde er heulen!), und sagt damit in Wirklichkeit,
dass er sich selbst als Opportunisten und Mitläufer sehen
müsste, wenn er immer den Wolfsrudelgesetzen folgen würde. Als Freiheitsliebender wird er genau *das* also nicht tun
und deshalb rät er seinen – ironisch so titulierten – »Mitwölfen«: »helft Euch selbst«!

Heine stand den unkonkret-pathetisch schreibenden
deutschen Vormärzdichtern tatsächlich äußerst skeptisch
gegenüber. Sie achteten auf die korrekte politische Tendenz
und vernachlässigten darüber die ästhetischen Fragen. Und
sie gingen dabei nicht nur unter das ästhetische Mindest-
niveau, sondern sie blieben auch politisch unkonkret und
nebulös. Was Heine z. B. gegen Herweghs »Kölner-Dom-
Gedicht« (*Die drei Zeichen*) einzuwenden hatte, formulierte er in seinem Gedicht *Die Tendenz* als verallgemeinerte
Kritik an der politischen Tendenzpoesie seiner Zeit. Er benennt die ästhetischen Grundsätze dieser Tendenzlyriker
(z. B. mehr für Schiller und seine *Glocke* als für Goethe und
seinen *Werther* zu sein) und zeigt in den beiden Schluss-
zeilen seines Gedichts die Wirkungslosigkeit und auch die
Konzeptlosigkeit dieser Art von politisch engagierter Literatur auf.

*Die Tendenz* (Heinrich Heine)

Deutscher Sänger! sing und preise
Deutsche Freiheit, daß dein Lied
Unserer Seelen sich bemeistre
Und zu Taten uns begeistre,
In Marseillerhymnenweise.

Girre nicht mehr wie ein Werther,
Welcher nur für Lotten glüht –
Was die Glocke hat geschlagen,
Sollst du deinem Volke sagen,
Rede Dolche, rede Schwerter!

Sei nicht mehr die weiche Flöte,
Das idyllische Gemüt –
Sei des Vaterlands Posaune,
Sei Kanone, sei Kartaune,
Blase, schmettre, donnre, töte!

Blase, schmettre, donnre täglich,
Bis der letzte Dränger flieht –
Singe nur in dieser Richtung,
Aber halte deine Dichtung
Nur so allgemein wie möglich.

In Paris war Heine von Ludwig Börne angegriffen worden,
weil seine (Heines) politische Linie nicht klar genug sei und
seine Dichtkunst eher ästhetischen als politischen Gesichts-
punkten folge. Börne spielt dabei auch auf Heines Heimat-
und Wurzellosigkeit an, und Heine reagierte mit unglaub-
lich schroffer und auch persönlich verletzender Polemik auf
diese Angriffe (vgl.: *Ludwig Börne und Heinrich Heine. Ein*

*deutsches Zerwürfnis*, bearbeitet von H. M. Enzensberger, Leipzig 1991). Ohne auf diese Debatte hier eingehen zu können, ist festzustellen, dass es zwei Schriftsteller waren, die

*Die Börne-Heine-Kontroverse*

in der Vormärzzeit (1830–48) aus dem »fortschrittlichen« literarischen Lager herausgewachsen sind und nicht mehr so richtig »dazu passten«, einfach weil sie *zu* radikal und *zu* pessimistisch und *zu* rigoros in ihren ästhetischen Ansprüchen waren: Georg Büchner und Heinrich Heine. Und es sind diese beiden »Außenseiter«, die auch heute noch lebendig und anregend sind.

**Der Blick in die Zukunft** (Caput XXVI). Der Dichter sieht im Nachttopf seiner mütterlichen Göttin die Zukunft. Auch darin ist er dem Prometheus verwandt, der durch seine Mutter Themis Gaia das Wissen um die Zukunft und sogar um den Sturz des Zeus hat. Der Dichter verschweigt das Gesehene, er spricht nur vom »Duft«, und der war eindeutig. Der Geruch raubt ihm die Sinne.

Trotz aller Lust an der Fäkalsprache und dem olfaktorischen Exzess endet das *Wintermärchen* tiefschwarz und pessimistisch. Dass in Caput XXVII von einem »neue[n] Geschlecht« mit »freien Gedanken, mit freier Lust« gesprochen wird, klingt angehängt.

Heine war im Winter 1843/44 mit Karl Marx in Paris eng befreundet. Was Marx für Heine empfand, drückt sich in dem Abschiedszettelchen aus, das er dem Freund zukommen ließ, als ihn ein Ausweisungsbefehl auch Paris zu verlassen zwang: »Von Allem, was ich hier an Menschen zurücklasse, ist mir die Heinesche Hinterlassenschaft am unangenehmsten. Ich möchte Sie gern mit einpacken.« (12. 1. 1845).

Marx arbeitete daran, ein wissenschaftliches Konzept zu formulieren, das es ermöglichte, die Geschichte als einen fortschreitenden Prozess von Klassenkämpfen und revolutionären Veränderungen zu verstehen. Heine glaubte dem Freund dieses Konzept nicht. Er sieht keinen Fortschritt und keine revolutionäre Veränderung in Deutschland voraus, sondern einen großen Haufen Sch …

# 7. Autor und Zeit

Wahrscheinlich am 13. Dezember 1797 wurde Harry Heine als ältestes der vier Kinder des jüdischen Textilkaufmanns Samson Heine und seiner Frau Betty geb. van Geldern in Düsseldorf geboren. Harry wurde nach einem Liverpooler Geschäftsfreund des Vaters benannt. Erst später, bei seinem Übertritt zum Christentum 1825, nahm er den Namen Heinrich an. Der preußische König Friedrich Wilhelm III. hatte verfügt, dass kein Jude ohne Taufe einen christlichen Namen erwerben dürfe; obwohl auch in Preußen die rechtliche und bürgerliche Gleichstellung der Juden, also die sog. Juden-Emanzipation, auf dem Papier in Geltung war, sollten jüdische Bürger an ihren Vornamen erkennbar sein.

Heinrich Heine gehörte zur ersten dem Ghetto entronnenen Generation (Reich-Ranicki, 86); das bestimmt seine Biographie. »Ein Deutscher wollte er sein. Aber er scheint sehr schnell begriffen zu haben, daß man ihm dies nicht erlauben würde« (ebd.).

Schon 1796 wurde Düsseldorf französisch besetzt, seit 1806 unterstand es unmittelbar französischer Herrschaft und erst 1815 fiel es wieder unter deutsche Hoheit zurück, nun an die Preußen. Die Familie Heine, religiös eher liberal geprägt, genießt die Fortschritte der Emanzipation unter den Franzosen. Eine Verfügung vom Oktober 1814 gibt allen zwischen 1791 und 1801 in Düsseldorf Geborenen Wohnrecht in Frankreich, so dass Heine später im Pariser Exil keine Ausweisung zu befürchten hat, wie sie Karl Marx 1845 erleben muss. Harry Heine besucht das Lyzeum in Düsseldorf, dann die Handelsschule. Erste Versuche in kaufmännischen Berufen scheitern. 1816 holt ihn der reiche

Bankier-Onkel Salomon Heine nach Hamburg. Die Liebe zur Kusine Amalie wird zur schlimmen Enttäuschung, denn ein verarmter Verwandter kann als Schwiegersohn nicht in Frage kommen.

1819 beginnt Heine, vom Onkel finanziert, sein Jura-Studium in Bonn. 1820/21 studiert er in Göttingen weiter. Hier wird er (wegen des fadenscheinigen Vorwurfs der »Unkeuschheit«) aus der Studentenverbindung »Allgemeinheit« ausgeschlossen. Wegen eines Streits mit einem Kommilitonen und einer Duellforderung an diesen wird Heine von der Universität gewiesen. Er studiert in Berlin weiter und veröffentlicht erste Texte. 1824 nimmt er das Studium in Göttingen konzentriert wieder auf. 1825 promoviert er zum Dr. jur.; wenige Tage zuvor hat sich Heine am 28. Juni 1825 in Heiligenstadt bei Göttingen evangelisch taufen lassen. Die konkreten Erwartungen aber, die er an Examen und Konversion geknüpft hat, zerschlagen sich völlig. Es gelingt ihm nicht, in Hamburg als Rechtsanwalt zugelassen zu werden. Varnhagen von Ense (preußischer Diplomat und Schriftsteller) setzt sich als väterlicher Freund in Berlin für ihn ein und versucht ihm eine Professur zu vermitteln. Dies bleibt ebenso ohne Erfolg wie der Versuch Eduard von Schenks, des Verantwortlichen für das bayrische Hochschulwesen, ihm 1824 eine Stelle als Literaturprofessor zu verschaffen.

Die Jahre zwischen 1825 und 1831 werden zu Reisejahren und zugleich zu den Jahren, in denen sich Heine eine Existenz als freier und auch ökonomisch unabhängiger Schriftsteller aufbauen kann. Mit seinen *Reisebildern* (darin u. a. *Die Harzreise, Nordsee, Ideen. Das Buch Le Grand, Die Bäder von Lucca*) und vor allem mit seiner Gedichtsammlung *Buch der Lieder* (1827) wird er bekannt.

*Heinrich Heine*
Zeichnung von Samuel Dietz, 1842

Während eines Urlaubs auf Helgoland im Sommer 1830 hört Heine von der französischen Julirevolution. Er behauptet im Rückblick zwar, durch die Pariser Ereignisse in einen Freudentaumel versetzt worden zu sein. Doch er reist nicht sofort aus Deutschland ab. Als aber im Frühjahr 1831 die Zensurmaßnahmen gegen seine Schriften deutlich verschärft werden, entschließt er sich zur Reise nach Paris, und diese Reise hat »den Charakter einer vorbeugenden Flucht« (Hinck, 101). Heine nimmt in Paris ein neues Heimatrecht wahr, aber er wechselt nicht die Nationalität. Er bezieht sich auch im Pariser Exil immer auf sein deutsches Publikum. Obwohl er ein Vierteljahrhundert fast ununterbrochen in Frankreich lebt, bleibt er ein deutscher Schriftsteller.

*25 Jahre im Exil und doch ein deutscher Schriftsteller*

In den ersten Pariser Jahren arbeitet Heine als Korrespondent für die Augsburger *Allgemeine Zeitung*. In drei größeren Schriften (*Die Romantische Schule*, *Zur Geschichte der Religion und Philosophie in Deutschland*, *Elementargeister*) versucht er den Franzosen die Geschichte und die Gegenwart Deutschlands näher zu bringen und das von Mme. de Staël geprägte Deutschlandbild zu verändern. Über politische und ästhetische Fragen gerät Heine mit anderen deutschen Oppositionellen in einen grundsätzlichen Streit. Nachdem Ludwig Börne, der ebenfalls in Paris im Exil lebt, ihn beschuldigt hatte, er liebe an der Wahrheit nur das Schöne und sei politisch unzuverlässig, veröffentlicht Heine 1841 (nach Börnes Tod) eine scharfe Polemik: *Ludwig Börne. Eine Denkschrift*. Gegen den Freiheitsoptimismus und die Revolutionsromantik stellt er die politische Nüchternheit und die Skepsis; statt politischer Korrektheit verlangt er von der Literatur hohes ästhetisches Niveau;

statt auf (den politisch reaktionären) Goethe einzuschlagen verlangt er, von Goethe (dem Künstler und dem Kosmopoliten) zu lernen. In diesen Auseinandersetzungen fühlt sich Karl Marx zu Heine hingezogen, weil er dessen Position als die realitätsbewusstere und radikalere einschätzt. Im Winter 1843 kommt es zu engeren Kontakten zwischen diesen beiden Exilanten. 1843 schreibt Heine das Versepos *Atta Troll*, dem 1844 nach der vorangegangenen Deutschlandreise *Deutschland. Ein Wintermärchen* folgt.

Seit 1841 ist Heine mit Mathilde (Eugénie Mirat) verheiratet. 1845 verschlimmert sich seine unheilbare Krankheit; 1848, im Jahr der großen revolutionären Unruhen in Europa, bricht Heine endgültig zusammen und kann danach bis zu seinem Tod am 17. Februar 1856 sein Bett nicht mehr verlassen. In zeitgenössischen Berichten heißt es, er habe an einer »Rückenmarksdarre« gelitten; auch wird die Erkrankung mit einer syphilitischen Infektion in Verbindung gebracht. Heute schließt man von den Symptomen eher auf eine Lateralsklerose (allmählich fortschreitende Muskellähmung). Aus der Perspektive seiner »Matratzengruft« nimmt er die Revolution von 1848 und die nachrevolutionären Jahre wahr und schreibt darüber (im Gedichtband *Romanzero*, in den essayistischen Texten *Vorrede zu Lutetia* und *Geständnisse*); er reflektiert auf seine veränderte Art der Wahrnehmung und hält sie für die angemessenere und realistischere: im Gefolge der Philosophen Hegel und Feuerbach habe er, der Poet, sich geschmeichelt, dass er »selbst hier auf Erden der liebe Gott sei«. »Aber die Repräsentationskosten eines Gottes, der sich nicht lumpen lassen will und weder Leib noch Börse schont, sind ungeheuer; um eine solche Rolle mit Anstand zu spielen, sind be-

> Perspektive aus der Matratzengruft

sonders zwei Dinge unentbehrlich: viel Geld und viel Ge-
sundheit. Leider geschah es, daß eines Tages – im Februar
1848 – diese beiden Requisiten mir abhanden kamen und
meine Göttlichkeit geriet dadurch sehr ins Stocken. [...] Ich
kehrte zurück in die niedre Hülle der Gottesgeschöpfe«
(*Geständnisse*). In diesen späten Schriften verdeutlicht Heine noch einmal, dass die Welt und das Leben der Menschen
nicht auf den Begriff zu bringen sind. Seine Welt-Anschau-
ung bleibt fragmentarisch-zerrissen, denn anders als fragmentarisch-zerrissen kann er seinen eigenen Zustand nicht
interpretieren. Er geht nicht nur inhaltlich gegen die auto-
ritäre Gesellschaftsstruktur vor, sondern er setzt die auto-
ritäre Schreib- und Denkweise außer Kraft, indem er das
Recht auf die *eigene* Geschichte und das Kriterium der *eigenen* Erfahrung verteidigt. Aufgrund seiner eigenen bitteren
biographischen und künstlerischen Erfahrungen weigert er
sich, das Leiden des einzelnen Menschen zu überhöhen oder
zu rechtfertigen. Er integriert den Schmerz und das Nega-
tive nicht in einen umfassenderen und positiven Weltzu-
sammenhang. »Ich bin kein göttlicher Bipede [Zweifüßler,
W. K.] mehr, ich bin nicht mehr der ›freyeste Deutsche nach
Goethe‹ [...] ich bin jetzt nur ein armer todtkranker Jude, ein abgezehrtes Bild des Jammers, ein unglücklicher
Mensch« (*Berichtigung vom 15. 4. 1849*, Historisch-kritische (Düsseldorfer) Gesamtausgabe, Bd. 15, S. 112). Aber er
lässt sich auch von dem, der dort »im Regimente sitzt«, vom
»große[n] Autor des Weltalls« nicht den Mund verbieten
(*Geständnisse*).

Auf dem Friedhof Montmartre ist Heine 1856 begraben
worden.

## 8. Rezeption

Varnhagen von Ense fasste die zeitgenössischen Reaktionen auf Heines *Wintermärchen* in einem Brief am 26. Oktober 1844 in ihrer Zwiespältigkeit treffend zusammen: »Ihre neuern Gedichte machen das größte Aufsehen, mit dem Schrei des Entsetzens wetteifert der Schrei der Bewunderung« (zit. bei Bellmann, 114). Varnhagen wundert sich im Herbst des Jahres darüber, dass das *Wintermärchen* noch nicht verboten ist.

In der deutschen Literaturwissenschaft gab es einen lang anhaltenden Streit um Heine und speziell auch um sein *Wintermärchen*. Die national-konservative Richtung folgte dem Negativurteil des Historikers Heinrich von Treitschke (1834–96), der im 5. Teil seiner *Deutschen Geschichte im Neunzehnten Jahrhundert* (Leipzig 1894, 381) über das *Wintermärchen* schrieb: »Grade dies Gedicht, eines der geistreichsten und eigenthümlichsten aus Heine's Feder, mußte den Deutschen zeigen was sie von diesem Juden trennte.« Fortschrittlich-demokratische Stimmen lobten dagegen Heines Versepos; spätestens 1933 verstummten diese Stimmen in Deutschland und wurden ins Exil getrieben. So urteilt Hermann Kesten 1944 im New Yorker Exil über das 100 Jahre zuvor entstandene Werk: »Heines Poem hat 1944 den frischen Atem behalten, den es 1844 hatte. Seine Poesie ist unsterblich, sein Witz unvergänglich geblieben. Leider sind auch seine Probleme so aktuell wie vor hundert Jahren [...] Dieser witzige Deutsche, dieser witzige Jude, ein Prophet des 19. Jahrhunderts, ist ein Herold und Prophet noch im 20. Jahrhundert geblieben« (zit. bei Bellmann, 130 f.).

Eine wichtige Nachdichtung zu Heines *Wintermärchen* stammt von Wolf Biermann. Er hat 1965 mit der Ausarbeitung begonnen, und sein *Deutschland. Ein Wintermärchen* gehörte schon 1968 zu den Texten seiner ersten Langspielplatte (*Chausseestraße 131*). 1972 wurde das *Wintermärchen* in Westberlin (als »Quartheft« im Wagenbach-Verlag) veröffentlicht. 1977, nach Biermanns Ausbürgerung aus der DDR (in die er 1953 freiwillig gegangen war), wurde der Text unter demselben Titel (*Deutschland. Ein Wintermärchen*, in: Wolf Biermann, *Nachlaß 1*, Köln 1977) noch einmal publiziert. Biermann zeigt die Parallelitäten selbst auf: »Die Ähnlichkeiten mit der Wintermärchensituation des Meisters Heine fielen mir nach meiner Westreise im Dezember 64 wie Schuppen von den Augen. [...] Es gab da etliche Parallelen: auch ich war nach Hamburg gefahren, auch ich zur obligaten Mutter, Jude auch ich (halber Jude auch Heine: er war ja konvertiert – und ich halber Jude nach dem faschistischen Blutmaß)« (zit. bei Bellmann, 155 f.).

Ganz aktuell wird auf der CD mit Rap-Songs *Adriano (Letzte Warnung)* auf Heines *Wintermärchen* angespielt. Die 2001 erschienene CD ist Alberto Adriano gewidmet, einem Deutschen mit schwarzer Hautfarbe. Der aus Mozambique stammende Adriano wurde im Sommer 2000 in Dessau ermordet. Im ersten Lied dieser CD (Rapper Torch) heißt es:

»Jetzt ist die Zeit, hier ist der Ort
Heute ist die Nacht, Torchmann hat das Wort
Denk' ich an Deutschland in der Nacht bin ich um meinen
Schlaf gebracht – mein Bruder Adriano wurde umgebracht

Hautfarbe schwarz. Blutrot. Schweigen ist Gold
Gedanken sind tiefblau. Ein Bürger hat Angst vor seinem
Volk
Ein Wintermärchen aus Deutschland. Blauer Samt.
Als Kind schon erkannt: ich bin hier fremd im eigenen Land
[...]«

## 9. Checkliste: Welche Fragen dieser Lektüreschlüssel zu beantworten versucht hat

### Fragen in Kapitel 2:

1. Schriftsteller und Literatur im Exil: inwiefern ist Heine mit seinem *Wintermärchen* dafür ein Beispiel?
2. Was sind die (historisch-biographischen) Entstehungsbedingungen des *Wintermärchens*?
3. In welcher Beziehung standen Heine und Marx zueinander?

### Fragen in Kapitel 3:

4. Welche Formelemente prägen das Versepos *Deutschland. Ein Wintermärchen*?
5. Was meint Heine damit, wenn er sich im »Vorwort« »des freien Rheins noch weit freierer Sohn« nennt?
6. »Die ganze Welt wird deutsch werden!«: Wie ist dies Heine-Zitat im Kontext des »Vorworts« zu verstehen?
7. Wie »entlarvt« Heine das vom Harfenmädchen gesungene Lied (Caput I)?
8. Was fordert der Reisende in seinem »neuen« und »besseren Lied«?
9. Wodurch wird dies »neue Lied« ironisch gebrochen? Warum soll man es nicht als Heines wahre Meinung ansehen?
10. Der Reisende begegnet in Caput XII seinen »Mitwölfen«. Wer ist damit gemeint? Und in welchem Verhältnis steht er zu ihnen?

11. Mit welchen mythischen Gestalten vergleicht sich der Reisende in Caput XVIII? Und warum vergleicht er sich mit ihnen?

12. Wie kann der Dichter einen »Blick in Deutschlands Zukunft« tun und wie ergeht es ihm dabei?

## Fragen in Kapitel 3:

13. Wie ist im *Wintermärchen* das Verhältnis zwischen dem Autor Heine und dem lyrischen bzw. erzählenden Ich gestaltet?

14. Wofür steht das »Harfenmädchen«?

15. Welche Position zwischen Deutschland und Frankreich vertritt der »Vater Rhein«?

16. Welche Funktion hat die Schattengestalt des Doppelgängers, und was sagt es über den Schriftsteller Heine aus, dass er sich einer solchen Schattengestalt bewusst ist?

17. Welche Parallelen sieht der Reisende zwischen sich und dem Gekreuzigten?

18. Was weiß der Reisende von der Barbarossa-Sage, und wie gestaltet sich sein (Traum-)Verhältnis zu diesem Kyffhäuser-Kaiser?

19. Was bedeutet es, dass Heine seinen Verleger Campe einen Amphitryon nennt?

20. Warum sollte sich der Dichter vor Hammonia in Acht nehmen?

### Frage in Kapitel 4:

21. Welche (dreifache) Schichtung strukturiert die scheinbar willkürliche und sprunghafte Verserzählung?

### Fragen in Kapitel 6:

22. Was meint »überlegene Ironie«, und was ist demgegenüber die »sokratische Ironie«?
23. Warum fürchten weder Sokrates noch Heine die »Aporien«?
24. Heine stellt sich voller Selbstironie zu seinem »Hochzeitkarmen«, zu seinem »neuen« und »besseren Lied«: Woran kann man das erkennen?
25. Weshalb ist Heine so antipreußisch eingestellt?
26. Wie steht Georg Herwegh zum Projekt des Kölner Dombaus, und wie steht Heine dazu?
27. Wie unterscheidet sich der Stil von Herweghs (Dom-) Gedicht von dem Heines?
28. Was verdankt der Jude Heine der französischen Besetzung des Rheinlands unter Napoleon?
29. Wie beschreibt und wie ironisiert Heine den »deutschen Traum«?
30. Was träumt der Reisende selbst? Und inwiefern wird dies zu einem Angsttraum?
31. Was meint Heine mit den »Tendenzdichtern«, und wie grenzt er sich von ihnen ab? Wie ist in diesem Zusammenhang sein Verhältnis zu seinen »Mitwölfen« zu verstehen?

**Fragen in Kapitel 7:**

32. »Harry Heine« oder »Heinrich Heine«: was stimmt?
33. Weshalb kann man bei Heine (in Bezug auf seine Biographie und in Bezug auf sein literarisches Werk) nicht von seinem Judentum absehen?
34. Wie erfährt Heine die »Judenemanzipation«, und welche Diskriminierung erleidet er als Jude?
35. Warum emigriert Heine 1831 nach Paris?
36. Was sind die hauptsächlichen Streitpunkte in seiner Auseinandersetzung mit Ludwig Börne?
37. Was meint Heine, wenn er von seiner »Matratzengruft« spricht?
38. Was ist gemeint, wenn Interpreten von Heines »Zerrissenheit« sprechen?
39. »Ironie« und »Zerrissenheit«: wie hängen sie zusammen? (Kap. 6 mit zu Rate ziehen!).

**Fragen in Kapitel 8:**

40. Welche zwei Hauptströmungen bestimmten die Heine-Rezeption in Deutschland?
41. Welche Parallele zieht Wolf Biermann zwischen sich und Heine?

# 10. Lektüretipps/CD-Aufnahmen

## Textausgaben

Heinrich Heine: Deutschland. Ein Wintermärchen. Stuttgart: Reclam, 2001. (Universal-Bibliothek. 2253.) – *Reformierte Rechtschreibung. Nach dieser Ausgabe wird zitiert.*

Heinrich Heine. Sämtliche Schriften in zwölf Bänden. Hrsg. von Klaus Briegleb. Bd. 7: Schriften 1837–1844. Darin: Deutschland. Ein Wintermärchen S. 571–644. München 1976.

Heinrich Heine. Historisch-kritische Gesamtausgabe der Werke. Düsseldorfer Ausgabe. Hrsg. von Manfred Windfuhr. Deutschland. Ein Wintermärchen in Bd. 4. Hrsg. von Winfried Woesler. Hamburg 1985.

## Biographien, Kommentare, Erläuterungen

Adorno, Theodor W.: Die Wunde Heine. In: Th. W. A.: Noten zu Literatur I. Frankfurt a. M. 1958. S. 146–154.

Bellmann, Werner: Erläuterungen und Dokumente: Heinrich Heine: *Deutschland. Ein Wintermärchen*. Stuttgart 1990. (Reclams Universal-Bibliothek. 8150.)

Briegleb, Klaus: Bei den Wassern Babels. Heinrich Heine – jüdischer Schriftsteller in der Moderne. München 1997.

Enzensberger, Hans Magnus: Ludwig Börne und Heinrich Heine. Ein deutsches Zerwürfnis. Leipzig 1991.

Fingerhut, Karl-Heinz (Hrsg.): Heinrich Heine: *Deutschland. Ein Wintermärchen*. 2 Bde. Frankfurt a. M. 1976

(²1980). (Literatur und Geschichte. Unterrichtsmodelle – Modellanalysen.)

Große, Wilhelm: Literaturwissen: Heinrich Heine. Stuttgart 2000. (Reclams Universal-Bibliothek. 15223.)

Hädecke, Wolfgang: Heinrich Heine. Eine Biographie. München/Wien 1985.

Hinck, Walter: Die Wunde Deutschland. Heinrich Heines Dichtung. Frankfurt a. M. ²1991

Höhn, Gerhard: Heine-Handbuch. Zeit, Person, Werk. Stuttgart 1987.

Kaufmann, Hans: Heinrich Heine. Geistige Entwicklung und künstlerisches Werk. 4., überarb. Aufl. Berlin [Ost] 1983.

Kortländer, Bernd: Heinrich Heine. Stuttgart 2003. (Reclams Universal-Bibliothek. 17638.)

Liedke, Christian (Hrsg.): Heinrich Heine. Neue Wege der Forschung. Darmstadt 2000.

Preisendanz, Wolfgang: Heinrich Heine. Werkstrukturen und Epochenbezüge. 2., verm. Aufl. München 1983.

Reich-Ranicki, Marcel: Heinrich Heine, das Genie der Haßliebe. In: M. R.-R.: Über Ruhestörer. Juden in der deutschen Literatur. Erw. Neuausg. München 1993. S. 76–90.
– Der Fall Heine. München 2000 (1997).

Walser, Martin: Heines Tränen. In: M. W.: Liebeserklärungen. Frankfurt a. M. 1983. S. 197–207.

Windfuhr, Manfred: Rätsel Heine. Autorprofil – Werk – Wirkung. Heidelberg 1997.

Woesler, Winfried: Kommentar zu *Deutschland. Ein Wintermärchen*: S. 918–1217 in Bd. 4 der Historisch-Kritischen Gesamtausgabe von Heines Werken. Düsseldorfer Ausgabe. Hrsg. von M. Windfuhr. Hamburg 1985.

### CD-Aufnahmen

Es liegen viele verschiedene CD-Einspielungen vor. Buchhandlungen oder Internet-Bestelladressen (wie www.amazon.de) informieren über das aktuelle Audiobücher-Angebot. Die schon ältere Aufnahme mit Lutz Görner (Deutschland. Ein Wintermärchen. Live-Aufnahme vom 17. 2. 1977 im Theater k in München, Dortmund 1977) ist noch immer hörenswert. Eberhard Esches Rezitation (Deutschland. Ein Wintermärchen. CD. Aufzeichnung aus dem Deutschen Theater Berlin. Berlin 1997) wird sehr gelobt. Katharina Thalbachs Aufzeichnung (Deutschland. Ein Wintermärchen. 2 CD. Hamburg 2001) war für mich (W. K.) eher enttäuschend.

**Raum für Notizen**